本书为

国家社科基金重点项目

国家出版基金项目　结项成果

「十三五」国家重点出版物出版规划项目

THE GENERAL ANNALS
OF CHINESE CONFUCIANISM

国家出版基金项目
NATIONAL PUBLICATION FOUNDATION

中国儒学通志

丛书主编　苗润田　冯建国

隋唐五代卷·纪事篇

本册作者　李晓萍　冯建国　李腾飞

ZHEJIANG UNIVERSITY PRESS
浙江大学出版社
·杭州·

图书在版编目(CIP)数据

中国儒学通志. 隋唐五代卷. 纪事篇 / 苗润田,冯
建国主编;李晓萍,冯建国,李腾飞著. —杭州:浙江大
学出版社,2022.12
ISBN 978-7-308-23447-4

Ⅰ.①中… Ⅱ.①苗…②冯…③李…④李… Ⅲ.①儒
学－研究－中国－隋唐时代②儒学－研究－中国－五代
十国时期 Ⅳ.①B222.05

中国版本图书馆 CIP 数据核字(2022)第 251866 号

中国儒学通志·隋唐五代卷·纪事篇
主　　编　苗润田　冯建国
本册作者　李晓萍　冯建国　李腾飞

出 版 人　褚超孚
策　　划　袁亚春　陈　洁
统　　筹　陈丽霞　宋旭华　王荣鑫
责任编辑　蔡　帆
责任校对　吴　庆
责任印制　范洪法
封面设计　项梦怡
出版发行　浙江大学出版社
　　　　　(杭州市天目山路 148 号　邮政编码 310007)
　　　　　(网址:http://www.zjupress.com)
排　　版　浙江时代出版服务有限公司
印　　刷　杭州钱江彩色印务有限公司
开　　本　710mm×1000mm　1/16
印　　张　9
字　　数　144 千
版 印 次　2022 年 12 月第 1 版　2022 年 12 月第 1 次印刷
书　　号　ISBN 978-7-308-23447-4
定　　价　108.00 元

"中国儒学通志"总序

儒学是中华传统文化的主干,是中华民族的精神血脉,它不但对中国古代的政治、经济、思想、文化、教育等诸多领域产生过广泛而深刻的影响,对人类文明的发展做出了巨大贡献,而且在今天仍然具有不容忽视的现代价值。儒家的思想理论,广泛涉及人与自然、人与人、人与社会、群与己、古与今、知与行、义与利、生与死、荣与辱、苦与乐、德与刑、善与恶、战争与和平等这样一些人类所面对的、贯通古今的矛盾和问题,提出了天人合一、天下为公、大同世界,修身正己、自强不息、厚德载物,以民为本、为政以德、见利思义、清廉从政,明体达用、经世致用、知行合一、仁者爱人、以德立人、以诚待人、讲信修睦,求同存异、和而不同、和谐相处,有教无类、因材施教、温故知新、学思结合等一系列为学、为人、为事、为官、处世的常理和常道,对于正确处理人与人的关系、人与自然的关系、个体与群体的关系、群体与群体的关系、不同民族和国家间的关系、不同文化和文明间的关系等都具有普遍的指导意义,是人类走向未来不可或缺的精神资源。这也就是一种产生在两千多年前农耕时代并且随着历史的发展不断前行的思想、学说,在信息时代的今天仍然具有广泛感召力、影响力,为世人所推重、学习、研究、传承的根本原因。"研究孔子、研究儒学,是认识中国人的民族特性、认识当今中国人精神世界历史来由的一个重要途径。"(《习近平在纪念孔子诞辰 2565 周年国际学术研讨会暨国际儒学联合会第五届会员大会开幕会上的讲话》)"中国儒学通志"是研究孔子、儒学的一个窗口。

"中国儒学通志"由纪年卷、纪事卷、学案卷三个部分组成。纪年卷主要记录自孔子创立儒学至 1899 年有关儒学发展的各个方面,包括重要儒学人物的生卒,儒学发展过程中有较大影响的事件,以及重要儒学论著的完成、刊印等,全方位展现儒学发展的面貌。纪事卷以事件为线索,记录有关中国儒学发展的重大历史事件，如"焚书坑儒""罢黜百家，独尊儒术"等，内容包括事件产生的原因、经过、结果及其对儒学发展的影响。学案卷以人物为中心，主要记述对儒学发展有较大影响的人物，包括该人物的生平事迹、对儒学所持的观点、在儒学发展史上的地位和贡献，以及有关的评价等。

"中国儒学通志"是我国著名学者庞朴先生继《20世纪儒学通志》（浙江大学出版社2013年6月）出版后主持的又一国家社会科学基金重点项目。庞先生去世后，2016年改由苗润田、冯建国教授主持。在苗润田、冯建国的主持下，该项目组建了一支有国内知名学者参加的学养深厚的研究队伍，制定了切实可行的研究计划和实施方案。通过多次召开小型学术研讨会，邀请王钧林教授、朱汉民教授、郭沂教授等专家学者与课题组成员一起，就课题的指导思想、整体框架、重点难点问题等展开广泛深入的研究，不但达成了学术共识而且促进并深化了对课题的认识。在这个过程中，浙江大学出版社、山东大学儒学高等研究院、山东大学人文社会科学研究院、山东大学哲学与社会发展学院自始至终都给予了巨大支持和帮助。彭丹博士协助我们做了大量的事务性工作。在此，谨向他们，向关心、支持"中国儒学通志"研究、撰著的朋友、同仁致以诚挚的谢意！

苗润田　冯建国
2022年12月于山东大学

目　录

隋代（581—618）

隋代儒学的贡献

在时局动荡的南北朝，佛道盛行，儒学虽总体上仍保持其正统地位，但衰微之势亦显而易见。即使有诸如北魏献文帝、孝文帝等帝王施行过若干重视儒学的举措，但没有稳定统一的政治环境，儒学的复兴实为艰难。

公元589年，隋朝灭陈，南北分裂得以结束。这个大一统的政治环境为儒学的复兴提供了良好的土壤，隋朝的两代帝王也都为之做出了很多努力。王朝建立初期，隋文帝曾下劝学行礼诏，倡导儒家道德和礼仪。《隋书》载，开皇三年四月丙戌，文帝"诏天下劝学行礼。以济北郡公梁远为汶州总管"①。秋七月，"壬戌，诏曰：'行仁蹈义，名教所先，厉俗敦风，宜见褒奖'"②。开皇九年夏四月壬戌，文帝又诏倡导学习儒经，谨遵儒训。隋炀帝即位，亦十分支持儒学的发展，大业元年春正月，下诏巡省方俗，宣扬风化。"戊申，发八使巡省各地风俗。下诏曰：昔者哲王之治天下也，其在爱民乎？既富而教，家给人足，故能风淳俗厚，远至迩安。治定功成，率由斯道。……今既布政惟始，宜存宽大。可分遣使人，巡省方俗，宣扬风化，荐拔淹滞，申达幽枉。"③又复开庠序，诏曰："君民建国，教学为先，移风易俗，必自兹始。……其国子等学，亦宜申明旧制，教习生徒，具为课试之法，以尽砥砺之道。"④炀帝此番举措，使得"国子、郡县之学，胜

---

① 魏徵、令狐德棻：《隋书·高祖纪上》卷一，中华书局1973年版，第19页。
② 《隋书·高祖纪上》卷一，中华书局1973年版，第19—20页。
③ 《隋书·炀帝纪上》卷三，中华书局1973年版，第62页。
④ 《隋书·炀帝纪上》卷三，中华书局1973年版，第64—65页。

于开皇之初"①。

尽管隋代两位皇帝在即位之初,都曾有意大力弘扬儒学,事实上也确实取得了显著成效,可惜的是,此种局面却是昙花一现。公元 618 年,隋朝覆灭,仅仅存在了短暂的三十七年。隋文帝晚年崇尚佛道思想,《隋书·儒林传》载:"及高祖暮年,精华稍竭,不悦儒术。"②最典型的表现,文帝由崇诚与孝到废太学、四门、州县学。《隋书》载,仁寿元年春正月辛丑,文帝诏曰:"君子立身,虽云百行,唯诚与孝,最为其首。"③同年六月,"乙丑,诏曰:'而国学胄子,垂将千数,州县诸生,咸亦不少。徒有名录,空度岁时,未有德为代范,才任国用。良由设学之理,多而未精。今宜简省,明加奖励。'于是国子学唯留学生七十人,太学、四门及州县学并废"④。对此诏令,刘炫上表陈述废学校之弊,情理甚切,亦遭到文帝拒绝。隋炀帝统治后期,穷兵黩武,统治残暴,儒学更无生机。自身政治、军事上的种种失误以及隋末大乱,导致"空有建学之名,而无弘道之实。其风渐坠,以至灭亡,方领矩步之徒,亦多转死沟壑。凡有经籍,自此皆湮没于煨尘矣。遂使后进之士不复闻《诗》《书》之言,皆怀攘夺之心,相与陷于不义"⑤。

《隋书·儒林传序》云:

自正朔不一,将三百年,师说纷纶,无所取正。高祖膺期纂历,平一寰宇,顿天网以掩之,贲旌帛以礼之,设好爵以縻之,于是四海九州强学待问之士,靡不毕集焉。天子乃整万乘,率百僚,遵问道之仪,观释奠之礼。博士罄悬河之辩,侍中竭重席之奥,考正亡逸,研核异同,积滞群疑,涣然冰释。于是超擢奇秀,厚赏诸儒,京邑达乎四方,皆启黉校。齐、鲁、赵、魏,学者尤多,负笈追师,不远千里,讲诵之声,道路不绝。中州儒雅之盛,自汉、魏以来,一时而已。及高祖暮年,精华稍竭,不悦儒术,专尚刑名,执政之徒,咸非笃好。既仁寿间,遂废天下之学,唯存国子一所,弟子七十二人。炀帝即位,复开庠序,国子郡县

---

① 《隋书·儒林传》卷七十五,中华书局 1973 年版,第 1707 页。
② 《隋书·儒林传》卷七十五,中华书局 1973 年版,第 1706 页。
③ 《隋书·高祖纪下》卷二,中华书局 1973 年版,第 46 页。
④ 《隋书·高祖纪下》卷二,中华书局 1973 年版,第 47 页。
⑤ 《隋书·儒林传序》卷七十五,中华书局 1973 年版,第 1707 页。

之学，盛于开皇之初。征辟儒生，远近毕至，使相与讲论得失于东都之下，纳言定其差次，一以闻奏焉。于时旧儒多已凋亡，二刘拔萃出类，学通南北，博极今古，后生钻仰，莫之能测。所制诸经义疏，搢绅咸师宗之。既而外事四夷，戎马不息，师徒怠散，盗贼群起，礼义不足以防君子，刑罚不足以威小人，空有建学之名，而无弘道之实。其风渐坠，以至灭亡，方领矩步之徒，亦多转死沟壑。凡有经籍，自此皆湮没于煨尘矣。①

作为官方的统治思想，儒学的发展在历代都与政权的稳定、皇权的属意有关，而隋朝虽终结数百年来南北的分裂，但旋即又陷入新的破碎和混乱当中，这也导致了有隋一代儒学之不昌。一方面，隋代大一统以及隋文帝、隋炀帝等尊崇儒学，有利于南北学融合、儒学自身的发展，《隋书》对此给予了肯定；但隋代皇权动荡，末期社会混乱，大肆征伐，儒家典籍和儒学思想的传承遭到破坏，《隋书》亦对此予以指斥。在隋朝短短37年的历史中，虽空有建学之名，而无弘道之实，然仍取得了较大成就，尤以"二刘"和王通为代表。

"二刘"是刘焯、刘炫的合称，二人交往密切，经学思想相近。其经学著作佚失严重，今仅存的部分见于清马国翰的《玉函山房辑佚书》中。"二刘"在经学方面取得了卓越成就，曾受教于刘轨思、熊安生等北朝大儒，对儒家经典十分精通。史书载："（刘焯）少与河间刘炫结盟为友，同受《诗》于同郡刘轨思，受《左传》于广平郭懋，尝问《礼》于阜城熊安生，皆不卒业而去。武强交津桥刘智海家，素多坟籍，焯就之读书，向经十载，虽衣食不继，晏如也。遂以儒学知名，为州博士。"②二刘的经学功力非常深湛，开皇年间，二人就曾受命共同考定《熹平石经》和《洛阳石经》。

炀帝继位初期，复开庠序，"二刘"在儒学的恢复和传承中贡献极大，"炀帝即位，复开庠序，国子郡县之学，盛于开皇之初。征辟儒生，远近毕至，使相与讲论得失于东都之下，纳言定其差次，一以闻奏焉。于时旧儒多已凋亡，二刘拔萃出类，学通南北，博极今古，后生钻仰，莫之能测。所

---

① 《隋书·儒林传序》卷七十五，中华书局1973年版，第1707页。
② 李延寿：《儒林下·刘焯传》，《北史》卷八十二，中华书局1974年版，第2762页。

制诸经义疏,搢绅咸师宗之"①。南北朝时期,南学与北学相异,"南北所治,章句好尚,互有不同。江左《周易》则王辅嗣,《尚书》则孔安国,《左传》则杜元凯。河、洛《左传》则服子慎,《尚书》《周易》则郑康成。《诗》则并主于毛公,《礼》则同遵于郑氏。大抵南人约简,得其英华,北学深芜,穷其枝叶"②。刘焯和刘炫才识深广,贯通南北之学,改变了这种分裂状况。"二刘"的影响很大,刘焯在京时,曾"与左仆射杨素、吏部尚书牛弘、国子祭酒苏威、国子祭酒元善、博士萧该、何妥、太学博士房晖远、崔宗德、晋王文学崔赜等于国子共论古今滞义,前贤所不通者。每升座,论难锋起,皆不能屈,杨素等莫不服其精博"③。这里提到的何妥、苏威、房晖远等人莫不是南北学的名家,而刘焯能让这些人佩服,由此可见其对南北学的熟稔。故而,刘焯在乡里教授著述期间,"天下名儒后进,质疑受业,不远千里而至者,不可胜数"④。

"二刘"对初唐孔颖达经学思想产生了重要影响,孔氏在《毛诗正义序》有:"其近代为义疏者,有全缓、何胤、舒瑗、刘轨思、刘丑、刘焯、刘炫等。然焯、炫并聪颖特达,文而又儒,擢秀干于一时,骋绝辔于千里,固诸儒之所揖让,日下之无双,其于作疏内特为殊绝。今奉敕删定,故据以为本。然焯、炫等负恃才气,轻鄙先达,同其所异,异其所同,或应略而反详,或宜详而更略,准其绳墨,差忒未免,勘其会同,时有颠踬。今则削其所烦,增其所简,唯意存于曲直,非有心于爱憎。"⑤孔颖达《尚书正义》也以"二刘"稿本为据,他认为在对《尚书》进行过疏解的前人中,"惟刘焯、刘炫最为详雅"⑥。

王通,字仲淹,讳通,河东郡龙门(今山西万荣县)人。逝世时年仅三十五岁,有二子:福郊、福畤。死后,门中弟子私谥为"文中子",后亦被人尊称为"王孔子"。王通相关事迹仅散见于新旧《唐书》的王绩、王勃传中,《隋书》《北史》均未为王通专门立传。

王通自幼天赋异禀,有"神童"之称,十岁时便能发出此种议论:"通闻

---

① 《隋书·儒林传序》卷七十五,中华书局1973年版,第1707页。
② 《隋书·儒林传序》卷七十五,中华书局1973年版,第1706页。
③ 《儒林下·刘焯传》,《隋书》卷七十五,中华书局1973年版,第1718页。
④ 《儒林下·刘焯传》,《隋书》卷七十五,中华书局1973年版,第1719页。
⑤ 《毛诗正义·毛诗正义序》,《十三经注疏》,上海古籍出版社1997年版,第261页。
⑥ 《尚书正义·毛诗正义序》,《十三经注疏》,上海古籍出版社1997年版,第110页。

古之为邦，有长久之策，故夏、殷以下数百年，四海常一统也；后之为邦，行苟且之政，故魏、晋以下数百年，九州无定主也。上失其道，民散久矣；一彼一此，何常之有？夫子之叹，盖忧皇纲不振，生人劳于聚敛而天下将乱乎？"①其胸襟和学识令人惊叹。

开皇十八年，"盖受《书》于东海李育，学《诗》于会稽夏琠，问《礼》于河东关子明，正《乐》于北平霍汲，考《易》于族父仲华，不解衣者六岁，其精志如此"②。丰富的求学经历为王通奠定了深厚的儒学基底。仁寿三年，王通中秀才，"慨然有济苍生之心"，西游长安，向文帝献奏了《太平十二策》，论述"尊王道，推霸略，稽今验古，恢恢乎运天下于指掌矣"③，深得文帝之心。

王通在朝不得志后，遂退居故里，在河汾之间开馆授徒，著书讲学，"乃续《诗》《书》，正《礼》《乐》，修《元经》，赞《易》道，九年而《六经》大就。门人自远而至，河南董常、太山姚义、京兆杜淹、赵郡李靖、南阳程元、扶风窦威、河东薛收、中山贾琼、清河房玄龄、巨鹿魏徵、太原温大雅、颍川陈叔达等，咸称师北面，受王佐之道焉。如往来受业者，不可胜数，盖千余人。隋季，文中子之教兴于河汾，雍雍如也"④。王通治学授徒的盛况，造就了"河汾道统"的学术美誉。明代高启有诗句"河汾旧业传"，便是对王通传道授业功业的赞许。

王通历时九年撰成《续六经》，今仅存其中的《元经》部分。而真正记载了王通儒学思想和成就的是《中说》一书，又名《文中子中说》。"《中说》者，子之门人对问之书也，薛收、姚义集而名之"⑤。该书是由王通弟子汇编而成的一部笔记体著作，对其讲学内容进行记录和整理，有意模仿《论语》的语录体体例。共包括十个篇章：《王道篇》《天地篇》《事君篇》《周公篇》《问易篇》《礼乐篇》《述史篇》《魏相篇》《立命篇》和《关朗篇》。王通《续六经》的全貌如今已不得见，然而通过《中说》中的相关言论以及其他相关文献，我们亦可大略观其经学思想。

---

① 张沛：《中说校注·录关子明事》，中华书局 2013 年版，第 280 页。
② 《中说校注·文中子世家》，中华书局 2013 年版，第 267 页。
③ 《中说校注·文中子世家》，中华书局 2013 年版，第 267 页。
④ 《中说校注·文中子世家》，中华书局 2013 年版，第 268 页。
⑤ 《中说校注·文中子中说序》，中华书局 2013 年版，第 1 页。

王通儒学立场的基础便是"宗周孔"：

> 子曰："吾视千载已上，圣人在上者，未有若周公焉：其道则一，而经制大备，后之为政，有所持循。吾视千载而下，未有若仲尼焉：其道则一，而述作大明，后之修文者，有所折中矣。千载而下，有申周公之事者，吾不得而见也；千载而下，有绍宣尼之业者，吾不得而让也。"①
>
> 如有用我者，吾其为周公乎！②
>
> 不以伊尹、周公之道康其国，非大臣也；不以霍光、诸葛亮之心事其君者，皆具臣也。③

王通多次拒绝朝廷的征用，而专心致力于治学传道，其内在动力便是此当仁不让的"绍宣尼之业"的追求和担当，以振兴发扬周孔思想和学说为己任。与"宗周孔"相应的是王通的"仁政"主张，"古之为政者，先德而后刑，故其人悦以恕；今之为政者，任刑而弃德，故其人怨以诈"④，德为本，刑为末，强调仁义道德，推崇王道政治。王通之所以重视周、孔之王道，是因为他目睹南北朝和隋朝的动乱，希望借推行"仁政"建构一种任德不任刑的王道政治。夏商周三代以及汉代集中体现着他理想的政治图景："二帝、三王，吾不得而见也，舍两汉将安之乎？大哉，七制之主！其以仁义公恕统天下乎？其役简，其刑清，君子乐其道，小人怀其生，四百年间，天下无二志，其有以结人心乎？终之以礼乐，则三王之举也。"⑤

在自然观上，王通抨击了汉代以来的"天人感应"神学目的论。他对"天、地、人"的认知是："夫天者，统元气焉，非止荡荡苍苍之谓也；地者，统元形焉，非止山川丘陵之谓也；人者，统元识焉，非止圆首方足之谓也。"⑥"气为上，形为下，识都其中，而三才备矣。气为鬼，其天乎？识为神，其人乎？吾得之理性焉。"⑦

---

① 《中说校注·天地篇》卷二，中华书局 2013 年版，第 58 页。
② 《中说校注·天地篇》卷二，中华书局 2013 年版，第 51 页。
③ 《中说校注·立命篇》卷八，中华书局 2013 年版，第 225 页。
④ 《中说校注·事君篇》卷三，中华书局 2013 年版，第 73 页。
⑤ 《中说校注·天地篇》卷二，中华书局 2013 年版，第 56 页。
⑥ 《中说校注·立命篇》卷九，中华书局 2013 年版，第 243 页。
⑦ 《中说校注·立命篇》卷九，中华书局 2013 年版，第 242 页。

在伦理道德观方面,强调行"中道",把儒家的"五常"置于"中庸"思想的指导之下。王通十分重礼,认为:"冠礼废,天下无成人矣;昏礼废,天下无家道矣;丧礼废,天下遗其亲矣;祭礼废,天下忘其祖矣。呜呼,吾未如之何也已矣!"①"仁义其教之本乎?先王以是继道德而兴礼乐也。"②

在哲学义理上,他以儒学立场为基础,提出了儒、释、道"三教合一"的主张。在王通看来,三教是可以融合相通的,对统治者皆有用处,长期的思想争斗并不利于政治稳定和社会安定,驳斥三教盛而亡国的说法。"《诗》《书》盛而秦世灭,非仲尼之罪也;玄虚长而晋室乱,非老、庄之罪也;斋戒修而梁国亡,非释迦之罪也。《易》不云乎:'苟非其人,道不虚行'。"③

另外,王通还明确提出了两个重要的修道方法:"穷理尽性"和"推诚主静"。在"穷理尽性"方面,《中说》记载:"子谓周公之道:'曲而当,私而恕,其穷理尽性以至于命乎?'"④"子谓董常曰:'乐天知命,吾何忧?穷理尽性,吾何疑?'"⑤这里的"穷理",主要指穷尽《周易》之理,"命之立也,其称人事乎?故君子畏之。无远近高深而不应也,无洪纤曲直而不当也,故归之于天。《易》曰:'乾道变化,各正性命。'"⑥"《易》以穷理,知命而后及也。"⑦"知命则申之以《易》,于是乎可与尽性。"⑧通过此种途径,可以洞晓人之命、性,因为二者内在是一致的。《立命篇》和《关朗篇》的写作初衷也是源于此。"夫阴阳既燮,则理性达矣,穷理尽性以至于命,故次之以《立命篇》。通性命之说者,非《易》安能至乎?关氏《易》之深者也,故次之《关朗篇》终焉。"⑨王通的"穷理尽性,乐天知命"的修道境界,无疑对后来的宋明理学家产生了深远影响。在"推诚主静"方面,《中说》记载:"子曰:'推之以诚,则不言而信;镇之以静,则不行而谨。惟有道者能之。'"⑩"子

---

① 《中说校注·礼乐篇》卷六,中华书局2013年版,第161页。
② 《中说校注·礼乐篇》卷六,中华书局2013年版,第164页。
③ 《中说校注·天地篇》卷二,中华书局2013年版,第56页。
④ 《中说校注·周公篇》卷四,中华书局2013年版,第98页。
⑤ 《中说校注·周易篇》卷五,中华书局2013年版,第127页。
⑥ 《中说校注·立命篇》卷九,中华书局2013年版,第228页。
⑦ 《中说校注·立命篇》卷九,中华书局2013年版,第232页。
⑧ 《中说校注·立命篇》卷九,中华书局2013年版,第233页。
⑨ 《中说校注·叙篇》,中华书局2013年版,第264页。
⑩ 《中说校注·周公篇》卷四,中华书局2013年版,第117页。

谓贾琼、王孝逸、凌敬曰:'诸生何乐?'贾琼曰:'乐闲居。'子曰:'静以思道,可矣。'"①唯有心静、心诚,才具有了思道、修道的基础。在王通这里,"推诚主静"即是不杂有名利之争,自得其乐,同样,这些思想精髓也被宋明理学家所吸收。

在文学思想方面,王通亦是秉承孔子的文艺观,"美哉乎艺也! 古君子志于道,据于德,依于仁,而后艺可游也"②。重视文章中的政教和义理之用,崇尚文章中的君子之风,"子谓文士之行可见:'谢灵运,小人哉! 其文傲,君子则谨。沈休文,小人哉! 其文冶,君子则典。鲍昭、江淹,古之狷者也,其文急以怨。吴筠、孔珪,古之狂者也,其文怪以怒。谢庄、王融,古之纤人也,其文碎。徐陵、庾信,古之夸人也,其文诞。'或问孝绰兄弟,子曰:'鄙人也,其文淫。'或问湘东王兄弟,子曰:'贪人也,其文繁。''谢朓,浅人也,其文捷。江总,诡人也。其文虚。皆古之不利人也'"③。

相比同时代的一些儒者,王通对佛教和道教的评价也比较平允,他以较平和的心态肯定各教均有利有弊,承认佛、道与儒学一样具有"使民不倦"的社会功能,可以相互取长补短。他虽然承认佛教为西方圣人之教,但认为佛教毕竟是一种外来宗教,有与中土风俗相悖之处,故入"中国则泥"。虽然如此,王通认为佛教自有其意义和价值,借用政治和暴力废除佛教,并不可取。正是出于这样的考虑,他反对北魏太武帝和北周武帝那样依靠暴力来废除佛教。王通以北朝二武灭佛的经验教训为例,认为强硬废除佛道二教,只能适得其反。除了佛教思想之外,王通还大量吸收了道家思想。《天地篇》记载与温彦博论"坐忘"之理,表明其受到了佛道影响。不过,王通认为儒士不应修习道教长生神仙之术,指出追求长生而不修仁义、不重孝悌,是一种贪得无厌的表现。

王通站在儒学的立场上,既拒斥释道的虚诞,以及与儒学传统格格不入的方面,对它们进行了批判和扬弃,又承认其价值与意义,肯定释道二教的独立存在,而不是盲目排斥,要以儒家思想为主导,规约佛道二教,如此三教于是可一。王通认为统一王朝需要有思想文化统一,且面对佛教、道教的迅速发展,期望以明王道来挽回儒学的衰微不振局面。其最终目

---

① 《中说校注·周公篇》卷四,中华书局 2013 年版,第 110 页。
② 《中说校注·事君篇》卷三,中华书局 2013 年版,第 78 页。
③ 《中说校注·事君篇》卷三,中华书局 2013 年版,第 79—80 页。

的是利用、吸收和凭借释道二教的智慧资源,最终达到儒学的复兴与重振,从而实现"三教归儒",以重建儒学的新体系。当然,王通的"三教可一"并不是简单将三教归为一教。事实上在承认三教各有长短的同时,他更多地强调以传统儒学为主体,"通其变",发挥各家之长,而不是"执其方",固守一家之门户。因此,从这个意义上说,王通的思想贡献体现在既坚守儒学的价值立场,也承认了佛道二教本身的价值,从而开启了吸收佛道思想反哺儒学的历史可能性。

王通儒学功底深厚,学术知识渊博,自隋至唐,不惟儒学,兼及政治、社会、军事、文学等诸多方面的发展,甚至对于宋明理学的开启,王通都起着重要的导引作用,产生了深远的影响。

总体说来,有隋一代,尽管儒学并未实现质上的发展和复兴,但分裂战乱的终结,短暂的国家统一局面下,还是出现了一批如"二刘"、王通那样不可多得的经学家和思想家。一方面,南北学得到了重新的融合和发展;另一方面,隋代儒学也为初唐儒学的振兴奠定了不容忽视的基础,例如,王通在河、汾间讲学,很多人不远千里而来,前后到此受业者的数量竟达到千余人,其中不乏很多大家,皆为"河汾门下",如京兆的杜淹,后来做了唐太宗时期的宰相;雍州的李靖,是唐初文武兼备的大将,不仅骁勇善战,战功赫赫,而且撰就了多部军事著作,文采卓著;清河的房玄龄,文才上博通典籍,军策上运筹帷幄,成为赫赫有名的良相;还有犯颜直谏的名相魏徵;以及隋末唐初的著名思想家、史学家温大雅等。可以说,相比起历朝历代而言,隋代儒学虽然并不算昌盛,但却有着承前启后的重要作用。

科举制的确立

隋唐之际,一种分科选拔官吏的制度——科举制,逐渐取代九品中正制而形成并确立。

朝廷的选官制度对一个国家的政治、经济、文化等各个方面都会产生重大的影响。在中国古代社会,统治阶级往往出于某种政治目的的考量,采取各种不同的选拔人才方式,从而制定出相应的选拔制度,任用符合其政治需求的人才,以巩固自己的统治。于是,中国古代的选官制度在不断的革新中发展变化着。在奴隶制社会时期,为世袭制,爵位和官职的任命,领地的分封等,主要按血缘关系的远近进行,世代相传,不能随意任免。战国时期,这种情况得到改善,出现了一些新的选拔人才的方式和途径,如"养士""军功""客卿"等。两汉时期,主要存在两种考量制度:察举制和征辟制。察举制是指由下而上推选人才,经过各种考核以录用。征辟制,亦称辟举制,是一种自上而下选任官吏的制度,皇帝征聘或公府、州郡辟除的直接方式进行指名征聘。然而,察举制发展至东汉末年,由于官僚们的徇私舞弊,竟然出现了"举秀才,不知书;察孝廉,父别居"的荒谬现象。到了魏晋时期,实行的是九品中正制,魏文帝曹丕采纳吏部尚书陈群的建议,由中央选派各地"贤有识鉴"的官员担任大、小中正,将辖区内的人物分为九等,中央政府依等第授予官职。九品中正制客观上改善了东汉以来州郡名士左右荐举和征辟的局面,自然是一大进步。但随着豪门世族力量的发展,大、小中正都被世家大族所把控,九品中正制完全变质而转化成了巩固门阀势力的工具。然而,到了南北朝时期,由于士族门阀的日益腐朽,势力得到了很大的削弱,各方寒族开始活跃在政治舞台上。显然,九品中正制已经无法符合当时的发展需要,衰亡在所难免。直到隋代建立起了科举制,中国古代最重要的官吏选拔制度才得以正式确立。

隋朝建立初期,在朝廷选官制度方面,也曾一度承继了魏晋时期实行的九品中正制。九品中正制是由魏文帝制定的,它承继的是两汉的察举制,以德行、家世、才能等标准进行考核。如此一来,在实际的选拔过程中,这种品评人物的办法就被上层的世家大族所控制和左右,以致形成了"上品无寒门,下品无士族"的政局情况,并不是寒门庶族子弟德劣能少,而是因为其家庭出身不在豪门贵族。几乎完全以家世背景来测定一个人的品级,使得"世胄蹑高位,英俊沉下僚"成为一种普遍现象,家世、门第成为评定官品的最主要标准。中小地主以及平民百姓,即使能力品行都十分卓著,也并不能进入到政治的核心范围,只能徒有一身才华而白白埋没。

但是,隋朝时期,世家大族日趋衰落,庶族势力日趋崛起,那么,无论是为了加强政治上的集权,把选拔人才的权力收归中央,还是为了国家经济、文化的发展,显然,九品中正制已经不能适应时代的需求了。于是,开皇七年,隋文帝废九品中正制,改为诸州岁贡三人,且明禁商人入仕。开皇十八年秋七月，文帝"诏京官五品已上，总管、刺史，以志行修谨、清平干济二科举人"①，以"志行修谨""清平干举"二科选士。隋炀帝大业二年，始置进士科，实行试策取士，标志着科举制的创立，其考试内容一般为儒家经义和对时事的看法等。大业三年，炀帝正式颁布科举之诏，以十科举人。大业五年六月，又下诏诸郡以四科举人，"诏诸郡学业该通、才艺优洽、膂力骁壮、超绝等伦，在官勤奋、堪理政事，立性正直、不避强御四科举人"②。

科举制不同于九品中正制的地方，主要是国家主导，设立科目，通过考试的方法为国家选拔人才和官吏，不再循由地方察举的途径，不是唯以家世背景来定阶品。科举考试，有不同科目，也即分科取士，每个人都能自由报名，平等竞争，而且，最终的结果会以考试成绩来定，公开张榜。

唐承隋制，其中包括科举制这一选官制度。唐初，历经高祖、太宗、高宗、武后各朝，科举制日益发展和完善。唐制取士分制科和常科两种。制科是由皇帝自诏举行，以待非常之才，多临时不定期举行。制科的科目繁多，主要有博学宏词、直言极谏、贤良方正、才堪经邦、茂材异等、武足安边等科。常科主要包括明经、进士二科。玄宗朝后，进士科地位更加突出，此科一旦登第，就可飞黄腾达、闻名士林。至唐中期，进士科更成为衡量官僚臣子的必要尺度，即使官职很高，若不是进士科出身，亦"终不为美"。

科举制作为我国帝制时期选拔官吏的主要方式，创立于隋朝，发展完善于唐代，一直到清末废除，共历经了六个朝代。科举制的确立，客观上为出身寒门庶族的有才华人士，提供了一个公平竞争的平台和报效国家的机会，总体上是进步的和积极的，是符合历史前进需要的。隋朝一代，科举制虽然并没有形成特别完善的制度，但这种选拔人才的方式，把一个人的政治前途与读书、文化涵养等个人品行联系起来的做法，对后代学者重视读书的学风产生了深远影响。尤其是在唐朝更加完善了隋朝创立的科举制后，"朝为田舍郎，暮登天子堂"，不论出身，只要有才能，就可以入朝为官，成为国家的栋梁。

---

① 《隋书·高祖纪下》卷二，中华书局1973年版，第43页。
② 《隋书·炀帝纪上》卷三，中华书局1973年版，第73页。

唐代(618—907)

初唐儒学之复振

隋朝这个短命王朝共存在了三十七年。隋文帝在位初期,曾诏天下劝学行礼,厉俗敦风,倡导学习儒经,谨遵儒训。然其晚年崇尚佛道思想,不悦儒术,并废太学、四门、州县学。隋炀帝即位之初,下诏巡省方俗,宣扬风化,复开庠序。然其统治后期,穷兵黩武,统治残暴,儒学更无生机。隋朝虽终结数百年来南北的分裂,但旋即又陷入新的破碎和混乱当中,这也导致了有隋一代儒学之不昌。隋代皇权动荡,末期社会混乱,大肆征伐,儒家典籍和儒学思想的传承遭到破坏。唐朝建国之初,统治者为巩固国家统一,保障社会长治久安,虽主张三教并行,而实际更加推行儒学,重用儒臣,教化风俗,儒学一直处于思想领域的主流地位。

唐高祖崇尚儒学,疏离释道,即位之初,恢复学校,于国子、太学、四门以及各郡县学并置生员,为皇族子孙及功臣子弟于秘书外省别立小学,不时亲临国子学释奠,听诸生讲解经义。武德七年,有《赐学官胄子诏》云:"自古为政,莫不以学,则仁、义、礼、智、信五者俱备,故能为利博深。朕今欲敦本息末,崇尚儒宗,开后生之耳目,行先王之典训。而三教虽异,善归一揆,沙门事佛,灵宇相望;朝贤宗儒,辟雍顿废,王公以下,宁得不惭。朕今亲自观览,仍征集四方胄子,冀日就月将,并得成业,礼让既行,风教渐改。使期门介士,比屋可封;横经庠序,皆遵雅俗。诸王公子弟,并皆率先,自相劝励。"[1]可见,其虽然主张"三教虽异,善归一揆",但却要"崇尚儒宗"。

---

[1] 《高祖·赐学官胄子诏》,《全唐文》卷三,中华书局 1983 年版,第 36 页。

高祖恢复学校、并置生员等举措为儒学的进一步发展打下坚实的基础。而进一步迅猛推进儒学发展的,当为唐太宗李世民。武德三年,时为秦王的李世民在讨平东夏,海内无事之后,"乃锐意经籍,于秦府开文学馆,广引文学之士"①,房玄龄、杜如晦、虞世南、褚亮、姚思廉、李玄道、蔡允恭、陆德明、孔颖达、许敬宗等十八人,为秦王府十八学士。李世民登基后,又置弘文馆,"精选天下文儒之士虞世南、褚亮、姚思廉等,各以本官兼署学士,令更日宿直。听朝之暇,引入内殿,讲论经义,商略政事,或至夜分乃罢。又召勋贤三品已上子孙,为弘文馆学士"②。唐太宗曾对群臣说:"朕所好者,唯尧、舜、周、孔之道,以为如鸟有翼,如鱼有水,失之则死,不可暂无耳。"③而对于佛道二教则说:"至于佛教,非意所遵,虽有国之常经,固弊俗之虚术。何则?求其道者,未验福于将来;修其教者,翻受辜于既往。"④"神仙事本是虚妄,空有其名。"⑤"梁武帝君臣惟谈苦空,侯景之乱,百官不能乘马。元帝为周师所围,犹讲《老子》,百官戎服以听。此深足为戒。"⑥太宗重儒轻佛道的态度显而易见。

贞观二年,太宗诏停周公为先圣,升孔子为先圣,颜子为先师,又立孔子庙堂于国学,大征天下儒士,增筑国子学舍、增置生员。史书载:"是时四方儒士,多抱负典籍,云会京师。俄而高丽及百济、新罗、高昌、吐蕃等诸国酋长,亦遣子弟请入于国学之内。鼓箧而升讲筵者,八千余人,济济洋洋焉,儒学之盛,古昔未之有也。"⑦唐太宗对历代名儒进行了褒扬,贞观二十一年,诏令将左丘明、卜子夏、公羊高、穀梁赤、伏胜、高堂生、戴圣、毛苌、孔安国、刘向、郑众、杜子春、马融、卢植、郑玄、服虔、何休、王肃、王弼、杜元凯、范宁等历代名儒二十一人与颜子一起配享孔庙,行其道而用其书,褒崇有加。

初唐儒学的复振和繁荣,除了统治者在政治上的支持,还因儒士们的

---

① 刘昫:《旧唐书·儒学传序》卷一百八十九上,中华书局1975年版,第4941页。

② 《旧唐书·儒学传序》卷一百八十九上,中华书局1975年版,第4941页。

③ 司马光撰,胡三省音注:《资治通鉴·唐纪八》卷一百九十二,中华书局1956年版,第6054页。

④ 《旧唐书·萧瑀传》卷六十三,中华书局1975年版,第2403页。

⑤ 吴兢:《贞观政要·慎所好第二十一》卷六,上海古籍出版社1978年版,第196页。

⑥ 《资治通鉴·唐纪八》卷一百九十二,中华书局1956年版,第6054页。

⑦ 《旧唐书·儒学传序》卷一百八十九上,中华书局1975年版,第4941页。

大力阐扬。诸如,令狐德棻曾请"购募遗书"、收集儒典,以至"数年间,群书毕备"①。颜师古考定《五经》,太宗"诏前中书侍郎颜师古考定《五经》,颁于天下,命学者习焉"②。孔颖达与诸儒撰定《五经正义》,"诏国子祭酒孔颖达与诸儒撰定《五经》义疏,凡一百七十卷,名曰《五经正义》,令天下传习"③。两汉以来的繁杂多说,自此得到了统一。

　　较之于宋明理学,唐代儒学虽然没有实现理论体系的颠覆式革新,但其在儒学的统一和整合方面作出了巨大贡献,而且儒学实践在社会生活的各个方面大放光彩。然而,初唐儒学虽于贞观年间辉煌一时,但为时甚短,《旧唐书·儒学传序》载:"高宗嗣位,政教渐衰,薄于儒术,尤重文史。于是醇醨日去,华竞日彰,犹火销膏而莫之觉也。及则天称制,以权道临下,不吝官爵,取悦当时。其国子祭酒,多授诸王及驸马都尉,准贞观旧事,祭酒孔颖达等赴上日,皆讲《五经》题。至是,诸王与驸马赴上,唯判祥瑞按三道而已。至于博士、助教,唯有学官之名,多非儒雅之实。是时复将亲祠明堂及南郊,又拜洛,封嵩岳,将取弘文国子生斋郎行事,皆令出身放选,前后不可胜数。因是生徒不复以经学为意,唯苟希侥幸。二十年间,学校顿时隳废矣。"④武则天时期的大肆尊佛,玄宗朝后期的安史之乱,皆使儒家伦理纲常受到毁坏。然而,儒学的困境也酝酿着儒学自身的更新,从韩愈、李翱开始,儒学将迎来自身的新一轮振兴。

隋唐时期的三教论议

　　南北朝时期,道教、佛教得到了充足的发展而成熟起来,随着儒释道三教之间的不断碰撞、融合、渗透等,隋唐时期,形成了儒释道三教鼎立的局面。三教的教化色彩愈发明显,对民众的思想教化功用愈发显著。

　　三教论议,又称三教论衡,一般由朝廷发起举行,就某些问题,由儒释道三教代表人物进行辩论,由皇帝亲自主持,地点一般在国子监或内殿,大臣高官皆需列席参会听讲,后逐渐成为一种例行的活动,多在朝廷重大

---

① 王溥:《唐会要·经籍》卷三十五,中华书局1955年版,第643页。
② 《旧唐书·儒学传序》卷一百八十九上,中华书局1975年版,第4941页。
③ 《旧唐书·儒学传序》卷一百八十九上,中华书局1975年版,第4941页。
④ 《旧唐书·儒学传序》卷一百八十九上,中华书局1975年版,第4942页。

节日举行,唐中后期则演化为帝王诞节讲论。此论议活动纵贯整个唐朝三百余年,释道宣的《集古今佛道论衡》记载了唐代宫廷三教论议的诸多细节。

隋唐时期,较为著名的大型三教论议有:(一)隋初文帝时期,僧道及大臣关于"老子化胡说"的辩论。道教以张宾为代表,佛教以彦琮为代表,彦琮作《辩教论》以驳"老子化胡说"。(二)隋炀帝时期,于智藏寺佛道进行论争,论辩核心为"道物混成"说的理论证对,主要论辩人物为沙门慧净和道士余永通。(三)唐武德、贞观时期,由傅奕上疏排佛引起的佛道二教的大讨论。(四)唐高宗时期,僧道辩论先后召集有七八次,多为关于"道生万物""老子名义""说因缘义"等的理论辩论,多以佛家胜。(五)唐高宗显庆五年,诏令沙门静泰与道士李荣讨论《老子化胡经》的真伪问题。(六)唐玄宗开元十八年,诏沙门道氤与道士尹崇对辩,围绕二教优劣展开论议,并有旨将此次论对编入藏,题曰《开元佛道论衡》。(七)唐肃宗上元二年,诏令僧道于景龙观讲论。(八)德宗贞元十二年,德宗诞日,命韦渠牟、徐岱等与沙门鉴虚、覃延、道士郗维素、葛参成讨论儒、释、道三教,始若矛盾,卒而同归于善。(九)敬宗宝历二年,诏命沙门道士四百余人于大明宫谈论设斋。(十)文宗太和元年,文宗诞日,召秘书监白居易、安国寺沙门义林、上清宫道士杨弘元入麟德殿内道场谈论三教。太和七年的文宗诞日,又诏僧徒道士讲论于麟德殿。(十一)武宗会昌五年,道士赵归真请与释氏辩论,乃令沙门知玄与之讨论"神仙为可学不可学"。这场论辩中,因知玄谓神仙之术乃山林匹夫之事,被放还桑梓。八月颁诏废佛,拆寺院,还俗僧尼,收田亩等。

三教论议,是朝廷协调三教关系、解决三教矛盾的重要形式。同时,思想文化的激烈碰撞和深入交流,客观上无疑加强了三教之间的融合,促进了三教自身的理论发展和完善,对学术发展裨益颇大。隋唐时期三教的融合与发展,与国家政权政策密切相关,不仅采取三教并用政策,而且从政治、文化、经济等各个方面给予不同程度的支持。既以儒家作为正统地位,同时对佛道二家采取兼容并包的调和态度。随着儒释道三教的理论不断完善,尤其佛教更加本土化,论辩的思想和话语也不断自上而下地深入民众,为社会各个阶层熟知,从而使得三教共同对民众的思想和文化产生着根本的影响,最终决定着儒释道三教同存的哲学思想模式,奠定了中国文化思想的实质根基。

傅奕、吕才排佛

自佛教入华以来,佛教和儒、道两家就一直处于不断的冲突和融合之中。与南北朝时期学者们大都崇信佛教不同,初唐时期,一部分知识分子对佛教展开了激烈的批评,其中以傅奕和吕才为代表。

傅奕(555—639),相州邺(今河南安阳)人。傅奕通晓天文历数,曾进《漏刻新法》,行于时。傅奕初仕隋,入唐为太史丞,后迁太史令。曾多次上谏禁除佛教,并将魏、晋以来斥佛言论和事迹编集成《高识传》十卷,另有《老子注》《老子音义》,均佚。贞观十三年,病卒。傅奕虽然精通阴阳术数之书,以道家为主导思想,但其排佛的着眼点,却是以儒家的纲常伦理作为论证的理论依据。傅奕认为佛教违背了儒家的忠孝人伦,他说:"礼本于事亲,终于奉上,此则忠孝之理著,臣子之行也。佛逾城出家,逃背其父,以匹夫而抗天子,以继体而悖所亲。"①傅奕以儒家思想作为立场,从政治、人伦、道德、礼法、民生等多方面,对佛教进行排斥攻击,就其本质上,可以看作是儒释的正面交锋。

唐高祖武德四年六月,太史令傅奕上疏《减省寺塔僧尼益国利民十一条》,或作《减省寺塔废僧尼事十有一条》,请求罢黜寺塔僧尼,废弃佛教,开启了唐初的佛道之争。在疏中,他言辞激烈地指斥佛教"剥削民财,割截国贮",认为修寺建庙劳民伤财,"军民逃役,剃发隐中不事二亲,专行十恶","令逃课之党,普乐输租避役之曹,恒忻效力"②,历数佛教对社会民生带来的种种破坏。对此,唐高祖颁发了《问出家损益诏》。佛家学者法琳作出了回应:"至道绝言,岂九流能辩,法身无像,非十翼所诊。""形网奉亲,而内怀其孝,礼乖事主,而心哉其恩。"③最终,傅奕此次废佛奏议被搁置下来。

武德七年,傅奕再次上《请除释教疏》,建议罢黜佛教,认为其不忠不孝,游手游食,逃租赋,"演其邪法,述其邪法,伪启三涂,谬张六道,恐吓愚

① 《旧唐书·傅奕传》卷七十九,中华书局1975年版,第2716页。
② 释道宣:《广弘明集·太史令傅奕上减省寺塔废僧尼事》卷一一,《大正藏》第五十二册。
③ 彦琮:《唐护法沙门法琳别传》,《大正藏》第五十册。

夫,诈欺庸品"①。他认为,人的生死寿夭,皆是自然而然之事,不可以邪法恐吓欺诈百姓。由傅奕的这次上疏,而引起了朝堂百官的一番激烈论争,武德九年,出现了一些道教徒响应傅奕,如清虚观道士李仲卿等。四月,朝廷颁布了沙汰佛道二教的诏令,但由于各种原因,最终,沙汰僧尼之举并未得到实施。

唐太宗贞观六年,傅奕第三次上书反佛。贞观七年二月,太子中舍人辛谞撰《问难》,批驳佛教,慧净、法琳分别著述对二人进行了辩驳。贞观十一年正月,太宗下诏,宣布"朕之本系,起自柱下。鼎祚克昌,既凭上德之庆,天下大定,亦赖无为之功",为了"阐兹玄化。自今已后,斋供行法,至于称谓,道士、女冠可在僧、尼之前"。②贞观十三年,道士秦世英,密奏法琳《辩正论》"讪谤皇宗,毁默先人老子,罪当锢上"③。太宗发布诏书,令今后僧尼必须遵守《遗教经》的教导修身处世。贞观十三年十一月,召法琳入宫,进行审问。法琳后虽免于死罪,但亦被流放益州,次年病亡于百牢关菩提寺。贞观十五年五月,唐太宗为皇后追福亲临弘福寺,向寺僧解释道:"师等宜悉联怀。彼道士者,止是师习先宗,故位在前。今李家据国,李老在前若释家治化,则释门居上,可不平也。"④贞观十七年,道士秦世英被逮捕伏诛。随着法琳和秦世英的先后离世,唐初的这场佛道之争基本上宣告结束。

傅奕前后七次上疏反佛,掀起了若干次佛道的理论大讨论,客观上促进了儒家理论体系的建立和发展,对后来的韩愈、李翱以及宋初道学都产生了不可忽视的影响。

唐初另一位出自儒家的知识分子吕才,在哲学思想层面对佛教进行了审视和批判。吕才(606—665),博州清平(今山东聊城高唐县清平镇)人。兼通儒道,学识渊博,多才多识,精通阴阳五行、方技、舆地、军事、医学、音乐、历史、逻辑学等,尤长于乐律,颇受魏徵等人的赏识,由中书令温彦博、侍中王珪、魏徵等人推荐入仕,进入弘文馆,后逐渐升任太常博士、太常丞、太子司更大夫。尝奉太宗命刊正削存《阴阳书》百余卷,受到唐太

① 《旧唐书·傅奕传》卷七十九,中华书局1975年版,第3303页。
② 《广弘明集·太史令傅奕上减省寺塔废僧尼事》卷十一,《大正藏》第五十二册。
③ 《唐护法沙门法琳别传》,《大正藏》第五十册。
④ 西明寺释氏:《集古今佛道论衡》,《大正藏》第五十二册。

宗的赞赏,颁行于天下。此书集中体现了他的无神论思想,对荒唐怪诞、虚妄愚昧的迷信之说进行了激烈批驳。可惜今已不得见其全貌,仅存《叙宅经》《叙禄命》及《叙葬书》三篇残文。

唐高宗永徽六年,吕才时任太医署上药奉御,收到幼时之友下栖玄法师抄送的《因明入正理论》。吕才因耻于被试不知因明学,遂仔细研读,并参看神泰、靖迈、明觉三法师的义疏,站在经院佛学之外,对玄奘法师等的因明问题进行质疑、论辩,举出 40 余条疑难,加以驳斥,撰写了《因明注解立破义图》上、中、下三卷,并别撰一方义图。对玄奘门下的三家义疏,所说善者,因而称之,其有疑者,立而破之,就"生因了因""差别为性""宗依宗体""喻体喻依"等七个论题,与沙门慧立、明浚等往复辩难。吕才此举以及其书在佛学界引起了很大轰动,直接挑战佛门领袖玄奘法师这位宗师的权威,由此引发了一场辩论,即僧俗之间关于因明学的大辩论。

吕才并不否定因明在事理逻辑中的重要性,认为其虽词约而理弘,实文微而义显,学之者当生不能窥其奥,游之者数载不足测其源,提出因明是"众妙之门",具有重要的工具性质。因明学作为佛学的逻辑学,深奥难懂,吕才勾画出的"义图",是一幅因明理论的结构图,从整体上对因明逻辑进行了呈现,对于文理隐伏稍难的地方加以注释,将因明理论变得更加浅显易懂,非常适合初学者的入门学习。可惜此图今已不存。

吕才还明确指出,三家义疏,执见参差,所说多处存在自相矛盾的地方。他自觉地运用矛盾律,披露其违反逻辑规律的义理乖僻之处。此外,吕才还提出了一些具体的见解,如"喻体喻依,去体留依而为喻",改"差别性故"为"差别为性"等。

吕才作为傅奕之后的又一位排佛先锋,僧侣们说他不能精悟,好起异端,不惭颜厚,靡倦神劳。玄奘法师对吕才的错误之处一一分析批评,衮衮不穷,凡数千言,最终使其辞屈而退。但他引起的正常因明学的论辩,无疑推动了因明逻辑的更加完善。柳宣十分称赞吕才对注疏的批判,认为其词辩,其义明,其德真,其行著。

陆德明与《经典释文》

陆德明(约 550—630),名元朗,字德明,苏州吴县(今江苏苏州)人。

隋唐间经学家、训诂学家等。陆德明师承当时名儒周弘正、张讥,周氏宗王弼之学,故德明既博通经学,又善言玄理,可谓儒释道三学之通才。另撰有《易疏》二十卷和《老子疏》十五卷,与《经典释文》并行于世,今不传。

他所撰《经典释文》,共三十卷,首为《序录》,次《周易》一卷,《古文尚书》二卷,《毛诗》三卷,《周礼》二卷,《仪礼》一卷,《礼记》四卷,《春秋左氏传》六卷,《公羊传》一卷,《穀梁传》一卷,《孝经》一卷,《论语》一卷,《老子》一卷,《庄子》三卷,《尔雅》二卷。这是一部为古代 14 部经书注音释义的著作,囊括了儒家经典和老庄著作,没有佛典。这部书在经学、训诂学、音韵学等方面具有重大价值。皮锡瑞赞之:"前乎唐人义疏,经学家所宝贵者,有陆德明《经典释文》。"[1]此书亦受到唐太宗的赞赏,据《册府元龟》卷九十七载:"贞观十六年四月甲辰,太宗阅陆德明《经典音义》,美其弘益学者,叹曰:'德明虽亡,此书足可传习。'因赐其家布帛百匹。"[2]太宗对此书的肯定促进了它的广为流传。

今本《经典释文》署"唐"陆德明撰,但实际写作和成书皆早于唐初,学界认为此书实际草创于陈后主至德元年,成书于隋灭陈之前。这部书不同于传统重视字形的注疏方式,它采取以音注义,对经典的本文和注文进行注音。《经典释文》古今并录,括其枢要,经注毕详,训义兼辨,质而不野,繁而不芜。陆德明采用的注本达一百七十九种之多,典籍常用,会理合时。不仅全面吸收前辈诸家的研究成果,博收异本异说,证各本异同,而且对各原始文本进行了校勘和辑佚,使得唐以后亡佚的大量珍贵文献史料得以保存。

《序录》作为《经典释文》之首篇,被学界公认为是我国古代最早的简明经学演变史,它按照经书产生的时间次序,梳理了每部经典的起源、注释、传授和流传情况,系统地总结了唐以前的经典历史,为唐代经学甚至整个中国古代经学史奠定了基础。

《贞观律》的修订

《贞观律》是唐太宗李世民在位时期制定颁布的一部国家律典。唐太

---

[1] 皮锡瑞:《经学历史》,中华书局 1959 年版,第 207 页。

[2] 王钦若等编:《册府元龟》卷九十七,中华书局 1960 年版,第 1154 页。

宗即位后,命长孙无忌和房玄龄等着手在《武德律》的基础上,对唐律进行重新修改编撰。贞观元年,蜀王府法曹参军裴宏献与房玄龄向唐太宗建议:"以为古者五刑,刖居其一。及肉刑既废,制为死、流、徒、杖、笞凡五等,以备五刑。今复设刖足,是谓六刑。减死在于宽弘,加刑又加烦峻。乃与八座定议奏闻,于是又除断趾法,改为加役流三千里,居作二年。"①

唐太宗采纳了魏徵"专尚仁义,慎刑恤典"的建议,在礼法上主张"德主刑辅"。唐太宗之所以能够开创出贞观盛世,与其本人的儒家修养以及志于仁君的思想息息相关,体现在律法方面,就是以人为本的宽简主张。贞观元年,太宗曾对侍臣说:"死者不可再生,用法务在宽简。古人云,鬻棺者,欲岁之疫,非疾于人,利于棺售故耳。今法司核理一狱,必求深刻,欲成其考课。"②贞观二年,唐太宗尝对侍臣曰:"朕谓乱离之后,风俗难移,比观百姓渐知廉耻,官民奉法,盗贼日稀,故知人无常俗,但政有治乱耳。是以为国之道,必须抚之以仁义,示之以威信,因人之心,去其苛刻,不作异端,自然安静。公等宜共行斯事也!"③太宗尝以仁恻之心体恤百姓,"贞观二年,关中旱,大饥。太宗谓侍臣曰:'水旱不调,皆为人君失德。朕德之不修,天当责朕,百姓何罪,而多遭困穷!闻有鬻男女者,朕甚悯焉。'乃遣御史大夫杜淹巡检,出御府金宝赎之,还其父母。"④贞观五年,唐太宗又因斩杀张蕴古而悔之一事,遂下诏说:"凡有死刑,虽令即决,皆须五覆奏。"又曰:"守文定罪,或恐有冤。自今以后,门下省覆,有据法令合死而情可矜者,宜录奏闻。"⑤

贞观十一年春正月,"房玄龄等先受诏定律令,以为:'旧法,兄弟异居,荫不相及,而谋反连坐皆死;祖孙有荫,而止应配流。据礼论情,深为未惬。今定律,祖孙与兄弟缘坐者俱配役。'从之。自是比古死刑,除其太半,天下称赖焉。玄龄等定律五百条,立刑名二十等,比隋律减大辟九十二条,减流入徒者七十一条,凡削烦去蠹,变重为轻者,不可胜纪。又定令一千五百九十余条。武德旧制,释奠于太学,以周公为先圣,孔子配飨;玄

① 《旧唐书·刑法志第三十》卷五十,中华书局1975年版,第2136页。
② 《贞观政要·刑法第三十一》卷八,上海古籍出版社1978年版,第238页。
③ 《贞观政要·仁义第十三》卷五,上海古籍出版社1978年版,第149页。
④ 《贞观政要·仁恻第二十》卷六,上海古籍出版社1978年版,第193页。
⑤ 《贞观政要·刑法第三十一》卷八,上海古籍出版社1978年版,第240页。

龄等建议停祭周公,以孔子为先圣,颜回配飨。又删武德以来敕格,定留七百条,至是颁行之。又定枷、笞、钳、锁、杖、笞,皆有长短广狭之制"①。

长孙无忌和房玄龄等人历时十年,于贞观十一年修撰完成了《贞观律》,分为十二卷:名例、卫禁、职制、户婚、厩库、擅兴、贼盗、斗讼、诈伪、杂律、捕亡、断狱。所立刑名二十等:笞刑五条、杖刑五条、徒刑五条、流刑三条、死刑二条。

《贞观律》的修订受到唐太宗的高度重视,而且这部律法的编撰者长孙无忌、房玄龄、魏徵等人,皆为具有儒家道德的名臣。《贞观律》的修改编撰,体现了唐太宗欲废除严刑苛法而施行仁爱之德政的趋向,减少死刑,兄弟连坐皆施为死刑改为配流,大大地减少了严刑峻法,形成较为宽松的律法环境,更有助于社会的生产发展,从而创造出了"贞观之治"。

颜师古与《五经定本》《汉书注》

颜师古(581—645),名籀,字师古,以字行,雍州万年(今陕西西安)人,原籍琅琊(今山东临沂),唐初著名的经学家、语言文字学家、史学家。其祖颜之推、其父颜思鲁,皆擅儒学。师古受深厚家学的熏陶,少传家业,遵循祖训,博览群书,尤擅长于文字训诂、声韵、校勘之学。颜师古参与了《五经正义》和《隋书》的编撰工作,其著述也颇丰,除却代表作《五经定本》和《汉书注》外,还有《急就篇注》一卷、《匡谬正俗》八卷、《大唐仪礼》一百卷、《武德令》三十一卷、《大业拾遗记》一卷、《獬豸记》一卷、《隋遗录》一卷、《字样》一卷等。

《旧唐书》载:"太宗又以经籍去圣久远,文字多讹谬,诏前中书侍郎颜师古考定《五经》,颁于天下,命学者习焉。"②颜师古奉敕考定《五经》,至贞观七年完成,即为《五经定本》(又称《新定五经》)。太宗对此书十分肯定和赞赏,并诏令将之颁行于世。但此书遭到诸多儒者的质疑和指责,且此书主要是考证五经文字和音义的异同,在思想义理方面比较欠缺。鉴于此,太宗后又诏之与孔颖达、马嘉运、贾公彦等诸儒编修《五经》义疏,孔

① 《资治通鉴·唐纪十》卷一百九十四,中华书局1956年版,第6126页。
② 《旧唐书·儒学传》卷一百八十九上,中华书局1975年版,第4941页。

颖达总其事。颜师古凭一己之力完成的《五经定本》曾作为经学定本的依据,为《五经正义》奠定了文字方面的基础,对唐代经学的统一做出了巨大贡献。

颜师古的另外一大史学贡献,是撰有《汉书注》一百二十卷。班固所著《汉书》是继司马迁《史记》之后又一部史学巨著,受到当世和后世的看重,学者莫不讽诵之。班固的《汉书》所用文字是古字,颜师古在作注时需标示出:"某,古某字。""某即古某字。"采用"以今语释古语"的方式。《汉书》文字措辞古雅晦涩,难以通达。颜师古之前,即有多人为之作注,达二十三家之多,虽推动了"《汉书》学"的发展,但各家注说纷杂相异,难以统一。而真正令班书义显的"功臣"则非颜师古莫属。他对《汉书》进行注释时,非常注重考察词的语源义,追溯名物的得名之由,故而,在名物、典制、史实、文化等各个方面的考证解说可谓是十分详尽的。

颜师古在广泛收集征引此前二十余注家的基础上,以己之博学多识,对之进行删改补充、校勘考订。《汉书叙例》有:"凡旧注是者,则无间然,具而存之,以示不隐。其有指趣略举,结约未伸,衍而通之,使皆备悉。至于诡文僻见,越理乱真,匡而矫之,以祛惑蔽。若泛说非当,芜辞竞逐,苟出异端,徒为烦冗,祇秽篇籍,盖无取焉。旧所阙漏,未尝解说,普更详释,无不洽通。上考典谟,旁究《苍》《雅》,非苟臆说,皆有援据。"[①]师古作注采用集注的形式,对于旧注,他所认可的前人说法和注解,遂"具而存之",直接援引;他认为旨趣虽对,但不完善的释语,自己遂"衍而通之",进一步将之伸展推衍;而对于一些无凭无据之见,以假乱真,则"匡而矫之";还有一些不当泛说,出于异端,不足为据,则"删减繁冗",删除不取。

值得一提的是,《汉书注》运用了"因声求义"的方法去推语源、破通假,也就是通过形声字的声符来求得字义,从语音上入手解释词义。颜师古首先看到字音和字义之间的内在联系,开段玉裁、王念孙乾嘉学派冲破字形藩篱之先河。语音是处于不断变化之中的,师古为使今人阅读《汉书》能够协韵和谐,他还采用了"合韵"的训释方法,他在《汉书叙例》里说道:"礼乐歌诗,各依当时律吕,修短有节,不可格以恒例。读者茫昧,无复识其断章,解者支离,又乃错其句韵,遂使一代文采,空韫精奇,累叶钻求,

---

① 班固:《汉书·汉书叙例》,中华书局 1962 年版,第 3 页。

罕能通习。今并随其曲折,剖判义理,历然易晓,更无疑滞,可得讽诵,开心顺耳。"①他在某些唐代已不押韵的字下注明"合韵音某",改读为"某"。颜师古的"合韵说"是应对语音变化而作出的一种阅读上的处理办法,无疑有助于唐代读者的顺畅阅读和对《汉书》的深入理解。

颜师古的《汉书注》博采众长,自成特色,从形、音、义三个方面对文字、词句之意义进行注解,"辨别字形、自成体例;注释音读,目的明确;说解语义,形式多样"②。这部书成为《汉书》最详尽、最好的注本,充分彰显了其文献校勘、训诂、声韵等方面的非凡之功,代表了"《汉书》学"的最高水平。

《五经正义》的编撰

孔颖达(574—648),字仲达(一说仲远),冀州衡水(今河北衡水)人。其最重要的经学成就即是《五经正义》的主持修撰,除此之外,还修定《五礼》,撰有《孝经义疏》等。

唐初颜师古凭一己之力考定《五经》,贞观七年完成,是为《五经定本》(又称《新定五经》)。太宗重视儒学文教,对此大加赞赏,诏令将《五经定本》颁行全国。《旧唐书·儒学传上序》载:"太宗又以经籍去圣久远,文字多讹谬,诏前中书侍郎颜师古考定《五经》,颁于天下,命学者习焉。又以儒学多门,章句繁杂,诏国子祭酒孔颖达与诸儒撰定《五经》义疏,凡一百七十卷。"③大一统的政治需要统一的思想与之相应,而《五经定本》的刊定,还不足以解决当时儒学多门、章句繁杂的问题。于是,太宗在颜师古编定《五经定本》之后,"又以儒学多门,章句繁杂,诏国子祭酒孔颖达与诸儒撰定《五经》义疏,凡一百七十卷,名曰《五经正义》,令天下传习"④。此即为《五经正义》编撰勘定的缘起。这里载《五经正义》一百七十卷,与《册府元龟》同说。而据《旧唐书·孔颖达传》和《贞观政要》,《五经正义》的卷数为一百八十卷,今学界一般流行一百八十卷之说。

---

① 《汉书·汉书叙例》,中华书局 1962 年版,第 2 页。
② 余光煜:《颜师古〈汉书注〉的学术贡献》,《江西社会科学》2007 年第 6 期。
③ 《旧唐书·儒学传序》卷一百八十九上,中华书局 1975 年版,第 4941 页。
④ 《旧唐书·儒学传》卷一百八十九上,中华书局 1975 年版,第 4941 页。

　　以颜师古的《五经定本》为底本,太宗皇帝诏令孔颖达与马嘉运、颜师古、贾公彦等诸名儒修《五经》义疏,参与修撰者包括颜师古、孔颖达、司马才章、王恭、王琰等50余位著名儒士,孔颖达总其事,采用传统经学注释义疏的方法,对五部经典进行统一疏解和整理。关于《五经正义》的实际撰修者,皮锡瑞认为,当为各个门类的专家,是一个集体的成果。我们可见其中水平以及体例不尽相同。孔颖达当时年已耄老,不可能一一查阅。他只是总揽大纲,总善其事而已。所以,义疏之功劳与不足,绝非一人所独擅。

　　《五经正义》的编撰始于贞观十二年,《唐会要·论经义》卷七十七载:"贞观十二年,国子祭酒孔颖达撰《五经义疏》一百七十卷,名曰《义赞》,有诏改为《五经正义》。"[①]至贞观十四年,《五经正义》疏文初步撰定,《资治通鉴·唐纪十一》卷一百九十五载:贞观十四年,"上幸国子监,观释奠……上以师说多门,章句繁杂,命孔颖达与诸儒撰定《五经》疏,谓之《正义》,令学者习之"[②]。孔颖达等编撰的《五经正义》,以《五经定本》为底本,系统整理了汉魏以来的诸家经说,但如此不免出现繁杂甚至自相矛盾的问题。贞观十四年,参与编撰义疏的太学博士马嘉运指出:"以颖达所撰《正义》颇多繁杂,每掎摭之,诸儒亦称为允当。"[③]然而,因孔颖达年老无力主持"更改详定"的工作,所以,《五经正义》后又经刊正,最终于高宗永徽四年,长孙无忌等进《五经正义》,诏颁于天下,每年明经科,依此考试。《唐会要》卷七十七载:"永徽二年三月十四日,诏太尉赵国公长孙无忌,及中书门下,及国子三馆博士、宏文学士,故国子祭酒孔颖达所撰五经正义,事有遗谬,仰即刊正。至四年三月一日,太尉无忌、左仆射张行成、侍中高季辅,及国子监官,先受诏修改五经正义,至是功毕,进之,诏颁于天下。每年明经,依此考试。"[④]

　　关于《五经正义》所采用的前代版本,《周易正义》主要采用王弼注和韩康伯注,《尚书正义》采用梅赜所献孔安国《传》,为伪《孔传》,《毛诗正义》采用毛亨《传》、郑玄《笺》,《礼记正义》亦主用郑玄《注》,采皇侃、熊安

---

① 《唐会要·论经义》卷七十七,中华书局1955年版,第1405页。
② 《资治通鉴·唐纪十一》卷一百九十五,中华书局1956年版,第6152—6153页。
③ 《旧唐书·马嘉运传》卷七十三,中华书局1975年版,第2603页。
④ 《贡举下·论经义》,《唐会要》卷七十七,中华书局1955年版,第1405页。

生两家作义疏,《春秋左传正义》采取杜预《集解》为注文,疏文取刘炫。

《五经正义》的编撰,符合国家大一统的局面,顺应时代的发展,真正意义上统一了南北经学文本和思想,结束了东汉以来繁杂的学术之争的局面。同时,思想的大一统也会促进和保障政局的稳定,有利于国家的统一和社会的生产发展。

《五经正义》是儒家经典注疏的集大成者,客观上推动了儒学的发展和繁荣,促使世人思考儒学的价值和思想精髓。值得注意的是,这部书虽以儒学为宗,但实际上也杂糅了道佛之论,显示出了儒学的兼容并蓄。《五经正义》的编撰完成,标志着儒家思想文化再度正式成为了官方主导的正统意识形态。作为科举取士的权威教科书,一直沿用至宋代,影响了不计其数的儒生的学术思想,对整个中国古代的思想文化有着极其深远的意义。

贾公彦与《周礼义疏》《仪礼义疏》

贾公彦,生卒年不详,洺州永年(今河北广平)人。他有着深厚的礼学素养,《旧唐书》记载他曾师从隋唐之际的名儒张士衡习"三礼",清代纪昀将他与陆德明、孔颖达并举:"陆德明、孔颖达、贾公彦诸人老师宿儒,布列馆阁。"[1]据《旧唐书·经籍志》和《新唐书·艺文志》记载,贾公彦对《周礼》《仪礼》《礼记》这"三礼"皆有义疏之作。但《礼记疏》八十卷并未流传下来。他撰有《周礼义疏》五十卷、《仪礼义疏》四十卷,北宋时编入《七经疏义》,后又纳入《十三经注疏》。他撰写这两部著作的时间当是在《五经正义》颁行不久,"永徽中,贾公彦始撰《周礼》《仪礼》义疏"[2]。礼乐文化是中国文化的一个重要组成部分,贾公彦对"三礼"所作义疏,对后代礼制产生了深远的影响。

作为儒家一部非常重要的典籍,《周礼》的真伪以及面世时代等问题引起学界的激烈讨论。《汉书·艺文志》"六艺略"礼类有《周官经》六篇、传四篇。《周官经》六篇,当是指天官、地官、春官、夏官、秋官、冬官等六

① 永瑢等:《四库全书总目》卷九一,中华书局 1965 年版,第 774 页中。
② 顾炎武:《日知录》卷十八,上海古籍出版社 1984 年版,第 3 页。

篇,冬官篇已亡。西汉景帝、武帝之际,河间献王刘德从民间所得。据颜师古所说:"即今之《周官礼》也,亡其《冬官》,以《考王记》充之。"①西汉末年,王莽专政时,身为国师的刘歆奏请立为博士官,对这部书做了大规模的整理工作。又有载,刘歆因为虑及《周官经》与《尚书》中的《周官》相混淆,于是将《周官经》更名为《周礼》。

至东汉末年,经学大师郑玄以其超凡的学识和礼学功底,完成了《周礼注》《仪礼注》《礼记注》这三部礼学著作。在这"三礼"中,郑玄尤为尊崇《周礼》,将其奉为"礼经"。有学者指出:"很明显郑注三礼是以《周礼》为主导的,而将汉代传统的礼经——《仪礼》置于相对从属的地位,即晚清礼经学家曹元弼所谓'本《周礼》提其纲'。这已彻底地改变了汉代传统的三礼体系。"②也就是说,在郑玄这里,《周礼》占据着绝对的优势地位。贾公彦在其《仪礼疏序》中对二《礼》的关系也有过阐述:"至于《周礼》《仪礼》,发源是一,理有终始,分为二部,并是周公摄政太平之书。《周礼》为末,《仪礼》为本。本则难明,末便易晓。是以《周礼》注者,则有多门,《仪礼》所注,后郑而已。"③显然,贾公彦虽然十分尊崇郑玄,但在二《礼》的地位取舍上却大相径庭,他认为二《礼》有着共同的发源,"并是周公摄政太平之书",但却有本末之别,以《周礼》为末,而以《仪礼》为本。

公彦的《周礼义疏》主要基于北周沈重的《周官礼义疏》四十卷,又参考多方资料,依其个人的博闻强识,对郑注做出了条理明晰的义疏。对于贾疏,《四库全书总目》谓:"公彦之《疏》,亦极博核,足以发挥郑学。《朱子语录》称'《五经》疏中,《周礼疏》最好',盖宋儒惟朱子深于《礼》,故能知郑、贾之善云。"④公彦之疏与郑玄注,共同构成了后人研究《周礼》最重要、最权威的两部著作。

《仪礼》主要记载着周代的冠、婚、丧、祭、乡、射、朝、聘等礼仪制度,涉及各种礼仪的细枝末节,尤其对中国古代士大夫的行为举止之礼仪做出了具体的规定,包括士冠礼、士昏礼、士相见礼、乡饮酒礼、乡射礼、燕礼、大射礼、聘礼、公食大夫礼、觐礼、士丧礼、丧服、既夕礼、士虞礼、特牲馈食

---

① 《汉书·艺文志》卷三十,中华书局1962年版,第1356页。
② 史应勇:《郑玄通学及郑王之争研究》,巴蜀书社2007年版,第167页。
③ 《十三经注疏·仪礼注疏》卷一,上海古籍出版社1997年版,第945页。
④ 《经部·礼类一》,《四库全书总目》卷一九,中华书局1965年版,第149页下。

礼、少牢馈食礼等共十七篇。在贾公彦之前，有多人为《仪礼》作过注或疏，据《四库全书总目》记载，为《仪礼》作过注的有郑玄、三国时的王肃，而肃本在唐初已佚，《北史》中记载为《仪礼》作过义疏的有北周的沈重，还有见于《隋书·经籍志》中无名氏的二疏，但是流传下来的仅有郑玄注。

贾公彦为《仪礼》作义疏所据之本为齐之黄庆、隋之李孟悊二家，他在《仪礼注疏序》中述及相关情况："信都黄庆者，齐之盛德；李孟悊者，隋曰硕儒。庆则举大略小，经注疏漏，犹登山远望而近不知；悊则举小略大，经注稍周，似入室近观而远不察。二家之疏，互有修短。时之所尚，李则为先。"①又说："今以先儒失路，后宜易涂，故悉鄙情，聊裁此疏，未敢专欲，以诸家为本，择善而从，兼增己义，仍取四门助教李玄植详论可否，金谋已定，庶可施以函丈之儒，青衿之俊，幸以去瑕取玖，得无讥焉。"②由此可知，贾公彦所作《仪礼义疏》是在黄、李两家的基础上，兼及相关书籍，综合考虑了诸家之说，最终"择善而从，兼曾己义"，并且在此之后一再修改完善，最后撰成《仪礼注疏》五十卷。

目前，学术界对贾公彦二疏展开了多层次、多视域的研究，除却其经学思想的特质和贡献等方面的研究外，还有从语言学方面进行的发掘和阐释，有研究者对其"互文、倒文、省文、并提"等修辞手法进行了详细的分析，认为："贾公彦的修辞成就创见迭出、精彩纷呈，其中一个重要方面就是对修辞手法的阐释。古人行文十分注重修辞，倘若不明一些特殊的修辞手法，比如：互文、倒文、省文、并提等，便难以解经文或注文的确切含义。因此，和其他的训诂著作一样，阐明修辞手法成为贾公彦义疏的一项重要内容。"③总的说来，就贾公彦及其所撰二《礼》疏所作的研究还是有待进一步推进的。

徐彦与《公羊传注疏》

《公羊传》亦称《春秋公羊传》《公羊春秋》，是《春秋》三传之一，专门阐

---

① 《十三经注疏·仪礼注疏》卷一，上海古籍出版社1997年版，第945页。
② 《十三经注疏·仪礼注疏》卷一，上海古籍出版社1997年版，第945页。
③ 程艳梅：《浅析贾公彦〈周礼义疏〉〈仪礼义疏〉中对修辞手法的阐释》，《古籍整理研究学刊》2007年第1期。

释《春秋》的一部传记体典籍。其直接意图在解经,传述《春秋》的"微言大义",是今文经学的一部重要典籍。起讫年代与《春秋》一致,上起于鲁隐公元年,下止于鲁哀公十四年。

关于《公羊传》的作者,世常谓公羊高,为子夏的弟子,战国时齐人。《汉书·艺文志》中曰:"《公羊传》十一卷。公羊子,齐人。"①徐彦在《公羊传疏》中引后汉戴宏《公羊传序》,交代《公羊传》在汉代以前的传授源流:"子夏传与公羊高,高传于其子平,平传与其子地,地传与其子敢,敢传与其子寿。至汉景帝时,寿乃其弟子齐人胡毋子都著于竹帛。"②汉景帝时,公羊寿与弟子齐人胡毋子都方将其著于竹帛,而在此之前的传授方式为口耳相传。

徐彦作《公羊义疏》,所选注本为东汉时期的今文学经师何休撰写的《春秋公羊解诂》。他赞扬《春秋》:"昔者孔子有云:'吾志在《春秋》,行在《孝经》。'此二学者,圣人之极致,治世之要务。"③并简述他作注之意图:"传《春秋》者非一,本据乱而作,其中多非常异义可怪之论,说者疑惑,至有倍经任意反传违戾者。其势惟问,不得不广,是以讲诵师言,至于百万,犹有不解,时加酿嘲辞,援引他经,失其句读,以无为有,甚可闵笑者不可胜记也。是以治古学贵文章者谓之俗儒,至使贾逵缘隙奋笔,以为《公羊》可夺,《左氏》可与,恨先师观听不决,多随二创。此世之余事,斯岂非守文持论败续失据之过哉!余窃悲之久矣。往者略依胡毋生《条例》,多得其正,故遂隐括,使就绳墨焉。"④在何休看来,《公羊传》在儒家经籍中占据着很高的地位,但是由于诸种因素,今文学派并没有在东汉初年的那场今古文争辩中胜出。这场失败的一个关键因素,就是学者未能真正领会《公羊传》的根本意旨。故而,何休志在对诸家公羊误说和迷惑之处进行矫正,对传文作出正确合理的释义。徐彦的《公羊义疏》主要是为《春秋公羊解诂》作注,注重逐字逐句的释义,以及系统的《春秋》学义理等方面的

---

① 《汉书·艺文志》卷三十,中华书局1962年版,第1713页。
② 《春秋公羊传注疏·春秋公羊解诂序》,《十三经注疏》卷一,上海古籍出版社1997年版,第2195页。
③ 《春秋公羊传注疏·春秋公羊解诂序》,《十三经注疏》卷一,上海古籍出版社1997年版,第2195页。
④ 《春秋公羊传注疏·春秋公羊解诂序》,《十三经注疏》卷一,上海古籍出版社1997年版,第2195页。

疏解。

有关徐彦生平，史无记载，生卒年不详。《四库全书总目》载："彦疏，《唐志》不载，《崇文总目》始著录，称'不著撰人名氏，或云徐彦'。董逌《广川藏书志》亦称：'世传徐彦，不知时代，意其在贞元、长庆之后。考《疏》中'邲之战'一条，犹及见孙炎《尔雅注》完本，知在宋以前。又'葬桓王'一条，全袭用杨士勋《榖梁传疏》，知在贞观以后。中多自设问答，文繁语复，与邱光庭《兼明书》相近，亦唐末之文体。董逌所云，不为无理。故今从逌之说，定为唐人焉。"① 但也有学者认为徐彦其实是《北史·魏书》中的徐遵明。清代的严可均在《书公羊疏后》说："所引书百三十许种，最晚者郭璞、庾蔚之，余皆先秦汉魏。开卷疏司空掾云：若今三府掾是也，齐、梁、陈、隋、唐无此官制，惟北齐有之，则此疏北齐人撰也。"② 阮元也作出质疑，认为其文风似六朝人，而不似唐人。《隋书·经籍志》中已有载曰："《春秋公羊注疏》十二卷。"③ 只是并未说明作者为何人，根据此种记载，推断徐彦并非唐人，也是有一定合理性的。但是，总的说来，由于文献资料的不足和相关证据的缺乏，至今对徐彦身份的考究仍是学术界的一大课题，对《公羊传义疏》作者的研究，存在很大的讨论空间。

《公羊传》阐述了儒家的政治哲学，有明确的维护国家大一统的立场，反对一切非礼僭越行为，内其国而外诸夏，内诸夏而外夷狄。在道德要求上，推崇"仁""义"，同时又尊重权变思想："权者何？权者反于经，然后有善者也。权之所设，舍死亡无所设。行权有道，自贬损以行权，不害人以行权。杀人以自生，亡人以自存，君子不为也。"④

总的说来，《公羊传》经过何休《解诂》和徐彦《公羊义疏》的阐释，得到了传承和发展。徐彦对春秋学的具体功绩，有研究者给予了总结："首先，疏虽以何注为对象，但它不仅是针对何注的，有时也针对《公羊传》，出现了一些无注之疏。""其次，对何注的义例进行了总结，提出了'五始''通三统''异三世''三科九旨'等概念，并加以阐释。""第三，对何休注中所引书的出处进行了指明。""第四，疏对《左传》《榖梁传》《公羊传》对同一条经文

---

① 《四库全书总目·子部杂家类》卷一百一十八，中华书局 1965 年版，第 2 页。
② 严可均：《铁桥漫稿》卷八，上海古籍出版社 1997 年版，第 1222 页。
③ 《隋书·经籍志一》卷三十二，中华书局 1973 年版，第 931 页。
④ 《十三经注疏·春秋公羊传注疏》卷五，上海古籍出版社 1997 年版，第 2220 页。

记述进行了比较,对不同之处,做出说明。"“最后,疏还对一些相同的事件的记载做了归纳和解释。"①但是,徐彦的《疏》本身也存在一些缺点,比如,在解释经文时有诸多违背《公羊传》原义之处,还存在一些自相矛盾之处,很关键的一点,就是徐彦过度相信灾异邪说,大量引用了谶纬类文献,引起了后人的诸多诟病。

唐初史学之繁荣

唐初,大兴文教,励精图治,统治者非常重视史书的修撰,专设史馆,并多次下诏修史,出现了中国历史上第一次官修史书的高潮。唐初几十年间,取得了史学的巨大丰收,纪传体正史八部:《晋书》一百三十卷、《梁书》五十六卷、《陈书》三十六卷、《北齐书》五十卷、《北周书》五十卷、《隋书》八十五卷、《南史》八十卷、《北史》一百卷。除此之外,当代国史的编修有:贞观元年,姚思廉撰《唐史》纪传三十卷,高宗显庆元年,令狐德棻等续成八十卷,易名《武德贞观两朝史》,龙朔三年,许敬宗等又续成一百卷。房玄龄、敬播等撰《高祖实录》二十卷,房玄龄监修《太宗实录》二十卷,长孙无忌监修《贞观实录》二十卷。武则天长寿二年,牛凤及另撰《唐史》一百一十七卷,起高祖,终高宗。长安三年,武则天命李峤、朱敬则、刘知几、吴兢等修《唐史》,勒成八十卷。吴兢又别撰《唐史》一百一十卷、《唐春秋》三十卷。

唐初史学之所以能够出现这种繁荣景象,原因是多方面的。从国家政治层面看,国家政权的大一统,带来生产力的恢复,经济的稳定发展和繁荣,为史书的修撰提供了人力、物力、财力等方面的支持,稳定的政治环境也为之奠定了坚实的基础,可以保障大规模集体修史工作的顺利进行。另外,太宗始还设置了史馆这样的专门机构,《旧唐书·职官二》记载:“历代史官,隶秘书省著作局,皆著作郎掌修国史。武德因隋旧制。贞观三年闰十二月,始移史馆于禁中,在门下省北,宰相监修国史,自是著作郎始罢史职。"②史馆制度正式确立,宰相监修,朝廷诏令人员集体修撰,整个过

---

① 贾荣敏:《论〈春秋公羊疏〉的贡献》,《文艺生活》2011年第2期。
② 《旧唐书·职官二》卷四十三,中华书局1975年版,第1852页。

程分工明确,除修撰、直馆等职外,另有"楷书手二十五人,典书四人,亭长二人,掌固六人,装潢直一人,熟纸匠六人"①。从国家制度上给予了修史编撰工作强有力的保障。

从修撰人员来看,唐初涌现了大批优秀的史学家,作出了突出的贡献,诸如孔颖达、魏徵、颜师古、陆德明、房玄龄、长孙无忌、刘知几、吴兢、令狐德棻、姚思廉、许敬宗、李延寿等。这些史官不仅博览群书,博通经史,而且大都依循"秉笔直书"的撰写态度:"史官掌修国史,不虚美,不隐恶,直书其事。凡天地日月之祥,山川封域之分,昭穆继代之序,礼乐师旅之事,诛赏废兴之政,皆本于起居注、时政记,以为实录,然后立编年之体,为褒贬焉。既终,藏之于府。"②汉代司马迁"别嫌疑,明是非,定犹与,善善恶恶,贤贤贱不肖,存亡国,继绝世,补弊起废,王道之大者也"③。唐初史学家承继其不虚美、不隐恶、直书其事的修史精神,善善恶恶,尊重历史,以史明鉴,裨益当下。如唐高祖武德五年颁布《命萧瑀等修六代史诏》云:"司典序言,史官记事,考论得失,究尽变通,所以裁成义类,惩恶劝善,多识前古,贻鉴将来。"④

这一时期取得的史学成就,体现了统治者对于修史工作的高度重视,以及对保存史籍的自觉性。参与修撰的史学家群体,有着其对历史敏锐的洞察力和深刻的理解力,在编修过程中,采用新方法,表达新观念,充分展示了他们的时代精神和史学智慧。秉笔直书、不虚美、不隐恶、直书其事、善善恶恶的修史原则也坚决贯彻始终,"化成天下,莫尚于文。文之大司,是为国史"⑤。唐太宗重视修史,以前王之得失为借鉴,正如令狐德棻所言,如若文史不存,何以贻鉴将来?保存史籍以"贻鉴今古",从而开创了贞观政治之清明。

刘知几与《史通》

刘知几(661—721),字子玄,彭城(今江苏徐州)人。才兼文史,身有

---

① 《旧唐书·职官二》卷四十三,中华书局 1975 年版,第 1853 页。
② 《旧唐书·职官二》卷四十三,中华书局 1975 年版,第 1853 页。
③ 《汉书·司马迁传》卷六十二,中华书局 1962 年版,第 2717 页。
④ 《旧唐书·令狐德棻传》卷七十三,中华书局 1975 年版,第 2597 页。
⑤ 董诰等编:《全唐文·著作郎厅壁记》卷三百一十六,中华书局 1983 年版,第 3205 页。

抱负。高宗永隆元年举进士,武则天长安二年担任史官,修撰起居注,历任著作佐郎、左史、著作郎、秘书少监、太子左庶子、左散骑常侍等职,兼修国史。开元九年,坐事贬为安州别驾,追赠汲郡太守、工部尚书,谥号文。景龙四年撰成《史通》二十卷,另有与朱敬则等撰《唐书》八十卷,与徐坚等撰《武后实录》,与柳冲等改修《氏族志》,撰成《姓族系录》二百卷,与吴兢撰成《睿宗实录》二十卷,重修《则天实录》三十卷、《中宗实录》二十卷等。

在编修《唐书》和《则天实录》的过程中,刘知几与同作诸士及监修贵臣意见相违,负才而不见用,任其职而道不行,遂于景龙二年辞去史职,退而撰《史通》:"凡所著述,尝欲行其旧议。而当时同作诸士及监修贵臣,每与其凿枘相违,龃龉难入。故其所载削,皆与俗浮沉。虽自谓依违苟从,然犹大为史官所嫉。嗟乎!虽任当其职,而吾道不行;见用于时,而美志不遂。郁怏孤愤,无以寄怀。必寝而不言,嘿而无述,又恐没世之后,谁知予者。故退而私撰《史通》,以见其志。"①《史通》包括内篇三十九篇、外篇十三篇,内篇主要评论史书体裁,外篇论述史官制度、史籍源流、评史家得失等。

《史通》梳理了之前的史学源流和派别,将"诸史"的体例划分为了六家:"自古帝王编述文籍,《外篇》言之备矣。古往今来,质文递变,诸史之作,不恒厥体。权而为论,其流有六:一曰《尚书》家,二曰《春秋》家,三曰《左传》家,四曰《国语》家,五曰《史记》家,六曰《汉书》家。"②流脉有"六家",《尚书》记言,《春秋》记事,《左传》主编年,《国语》分于国别,《史记》"纪传以统君臣,书表以谱年爵",《汉书》则为断代。他认为此六家,各有优缺点,而可为后世所遵循效仿的,惟有《左传》和《汉书》两家:"考兹六家,商榷千载,盖史之流品,亦穷之于此矣。而朴散淳销,时移世异,《尚书》等四家,其体久废,所可祖述者,唯《左氏》及《汉书》二家而已。"③

刘知几表达了对纪传体和编年体体例的认识,《春秋》《左氏》为编年体体例,以时间作为编排次序来记录历史事件,其优缺点显而易见:"夫

---

① 刘知几著,浦起龙释:《史通通释·自叙第三十六》卷十,上海古籍出版社1978年版,第290页。
② 《史通通释·六家第一》卷一,上海古籍出版社1978年版,第1页。
③ 《史通通释·六家第一》卷一,上海古籍出版社1978年版,第23页。

《春秋》者,系日月而为次,列时岁以相续,中国外夷,同年共世,莫不备载其事,形于目前。理尽一言,语无重出。此其所以为长也。至于贤士贞女,高才俊德,事当冲要者,必盱衡而备言;迹在沉冥者,不枉道而详说。如绛县之老,杞梁之妻,或以酬晋卿而获记,或以对齐君而见录。其有贤如柳惠,仁若颜回,终不得彰其名氏,显其言行。故论其细也,则纤芥无遗;语其粗也,则丘山是弃。此其所以为短也。"①编年体史书所长,在所载事件清晰完备,没有重复,言简意赅。但其记事虽精悍而缺少丰满度,"事当冲要","不枉道而详说",只能概说而无法详尽,记事零散,遗漏较多。《史记》作为纪传体体例,通过记叙人物活动反映历史事件,其优缺点:"《史记》者,纪以包举大端,传以委曲细事,表以谱列年爵,志以总括遗漏,逮于天文、地理、国典、朝章,显隐必该,洪纤靡失。此其所以为长也。若乃同为一事,分在数篇,断续相离,前后屡出,于《高纪》则云语在《项传》,于《项传》则云事具《高纪》。又编次同类,不求年月,后生而擢居首帙,先辈而抑归末章,遂使汉之贾谊将楚屈原同列,鲁之曹沫与燕荆轲并编。此其所以为短也。"②它的优点在于,纪、传、表、志,各有侧重,各得其所,互相补充,天文、地理、国典、朝章等,无所不包,生动丰满。然而,其短处在于,同一件事在不同篇章多次出现,时间线索不清,叙述不够连贯,前后重复。总的来说,关于"纪传体"和"编年体",刘知几主张二者各有优劣,不可偏废。

《史通》阐述了刘知几的史学理论,他对史学的理解:"夫史之称美者,以叙事为先。至若书功过,记善恶,文而不丽,质而非野,使人味其滋旨,怀其德音,三复忘返,百遍无斁,自非作者曰圣,其孰能与于此乎?"③史学有其独立的存在方式和价值,他认为,像何休、马融对《春秋》三传的注释以及郑玄、王肃的经说虽"义涉儒家,言非史氏"④,史学虽与经学关系密切,皆要善善恶恶,但二者却有本质的不同,史书是以叙事为先。叙事要"文而不丽""质而非野",也就是文质和谐、文质彬彬。"凡为史者,苟能识事详审,措辞精密,举一隅以三隅反,告诸往而知诸来,斯庶几可以无大过

---

① 《史通通释·二体第二》卷二,上海古籍出版社 1978 年版,第 27—28 页。
② 《史通通释·二体第二》卷二,上海古籍出版社 1978 年版,第 28 页。
③ 《史通通释·叙事第二十二》卷六,上海古籍出版社 1978 年版,第 165 页。
④ 《史通通释·补注第十七》卷五,上海古籍出版社 1978 年版,第 133 页。

矣。""盖史之为用也,记功司过,彰善瘅恶,得失一朝,荣辱千载。"①史学要叙事详审,言辞精密准当,因其记事载言,功过善恶,关乎千载。

刘知几提出了"史家三长",即史学家应具备的才能和修养:史才、史学、史识。《旧唐书·刘子玄传》载:

> 礼部尚书郑惟忠问子玄曰:"自古以来,文士多而史才少,何也?"对曰:"史才须有三长,世无其人,故史才少也。三长:谓才也,学也,识也。夫有学而无才,亦犹有良田百顷,黄金满籝,而使愚者营生,终不能致于货殖矣。如有才而无学,亦犹思兼匠石,巧若公输,而家无楩楠斧斤,终不果成其宫室者矣。犹须好是正直,善恶必书,使骄主贼臣,所以知惧,此则为虎傅翼,善无可加,所向无敌者矣。脱苟非其才,不可叨居史任。自古以来,能应斯目者,罕见其人。"时人以为知言。②

史才,即搜集组织史料、体例编排、撰述叙事、文字表达等方面的能力,要"刊勒一家,弥纶一代,使其始末圆备,表里无咎"③。史学,是指史学家专业知识的储备,然而,仅仅具备优秀的史才能力和渊博的知识储备,还是远远不够的。因为"假有学穷千载,书总五车,见良直而不觉其善,逢抵牾而不知其失,葛洪所谓藏书之箱箧,《五经》之主人。而夫子有云:虽多亦安用为? 其斯之谓也"④。秉笔直书、不避强御的良史精神,忠于史实,不隐恶,不虚美,而且能够对史料进行鉴别,拥有自己独断的见解,此即为史识。史才、史学、史识,三者缺一不可,刘知几尤为重视史识。他十分热情地赞颂了南史、董狐、韦昭、崔浩等舍生取义的史学家,称赞他们宁为玉碎,不为瓦砾。而那些没有判断标准和心中正义,以歪曲历史事实的人,是"奸贼""凶人"。

刘知几提出"六经皆史"的说法,六经原系史籍,《探赜篇》中反问道:"传者徒知其一,而未知其二,以为自反袂拭面,称吾道穷,然后追论五始,

---

① 《史通通释·曲笔第二十五》卷七,上海古籍出版社 1978 年版,第 199 页。
② 《旧唐书·刘子玄传》卷一百二,中华书局 1975 年版,第 3173 页。
③ 《史通通释·核才第三十一》卷九,上海古籍出版社 1978 年版,第 250 页。
④ 《史通通释·杂说下第九》卷十八,上海古籍出版社 1978 年版,第 526 页。

定名三叛。此岂非独学无友,孤陋寡闻之所致耶?"①他认为,《尚书》《春秋》《左传》皆为史书,"原夫《尚书》之所记也,若君臣相对,词旨可称,则一时之言,累篇咸载"。《春秋》是孔子"乃观周礼之旧法,遵鲁史之遗文;据行事,仍人道;就败以明罚,因兴以立功;假日月而定历数,籍朝聘而正礼乐;微婉其说,志晦其文;为不刊之言,著将来之法"②。《左传》是更为典型的史学著作,"观《左传》之释经也,言见经文而事详传内,或传无而经有,或经阙而传存,其言简而要,其事详而博,信圣人之才羽翮,而述者之冠冕也"③。刘知几对儒家经典的这种认定,与传统经学有很大不同,这实际也是唐初经学疑经思潮的产物,经学尝试"多立新义""变而能通"。他说:"夫《五经》立言,千载犹仰,而求其前后,理甚相乖。"④《史通》外篇专列《疑古》《惑经》两篇,对传统经学理论提出了质疑,阐述了自己新的见解。

另外,关于《春秋》三传,他还批评传统重两传而轻《左氏》的现象,其《申左篇》有:"古之人言《春秋》三传者多矣。战国之世,其事罕闻。当前汉专用《公羊》,宣皇已降,《穀梁》又立于学。至成帝世,刘歆始重《左氏》,而竟不列学官。大抵自古重两传而轻《左氏》者固非一家,美《左氏》而讥两传者亦非一族。互相攻击,各用朋党,嗤眙纷竞,是非莫分。然则儒者之学,苟以专精为主,至于治章句、通训释,斯则可矣。至于论大体,举宏纲,则言罕兼统,理无要害。故使今古疑滞莫得而申者焉。"⑤刘知几十分重视肯定《左传》的史学价值,提出左氏有三长,公、穀有五短。他的抨击,直接大胆,甚至直接质疑孔子所修《春秋》,"但因其成事,就加雕饰,仍旧而已,有何力哉? 加以史策有阙文,时月有失次,皆存而不正,无所用心"⑥。然而,正如知几自己意识到的那样,"此书多讥往哲,喜述前非。获罪于时,固其宜矣"⑦。他的很多言论遭到诸多指斥,说其"诽议上圣""邪说淫辞"。

---

① 《史通通释·探赜第二十七》卷一,上海古籍出版社 1978 年版,第 209 页。
② 《史通通释·六家第一》卷一,上海古籍出版社 1978 年版,第 7 页。
③ 《史通通释·六家第一》卷一,上海古籍出版社 1978 年版,第 11 页。
④ 《史通通释·疑古第三》卷十三,上海古籍出版社 1978 年版,第 388 页。
⑤ 《史通通释·申左第五》卷十四,上海古籍出版社 1978 年版,第 416 页。
⑥ 《史通通释·惑经第四》卷十四,上海古籍出版社 1978 年版,第 411 页。
⑦ 《史通通释·自叙第三十六》卷十,上海古籍出版社 1978 年版,第 292 页。

在刘知几看来,疑古疑经是一个儒者有担当的表现,勇于思考、怀疑、质疑,方能促进儒学的发展、学术的进步。《惑经篇》道:"昔孔宣父以大圣之德……故使三千弟子、七十门人,钻仰不及,请益无倦。然则尺有所短,寸有所长,其间切磋酬对,颇亦丑闻得失。何者?睹仲由之不悦,则矢天厌以自明;答言偃之弦歌,则称戏言以释难。斯则圣人设教,其理含弘,或援誓以表心,或称非以受屈。岂与夫庸儒末学,文过饰非,使夫间者缄辞杜口,怀疑不展,若斯而已哉?"①由此可见,刘知几是从一个儒者和史学家的责任感出发的,疑古惑经不是他对儒学的批判,而是以学者的严谨态度将其完善。他是一位真正的孔孟思想继承者:"昔孔宣父以大圣之德,应运而生,生人已来,未之有也。"②

刘知几评价《史通》:"夫其书虽以史为主,而余波所及,上穷王道,下挟人伦。总括万殊,包吞千有。"③《史通》一书,系统论述了唐以前的史学理论,也深刻阐述了作者自己的史学理论,包罗万千,严谨完备,是中国史学史上的一座里程碑。刘知几的史书分类方法、史学理论以及治学态度等,为后世史学家所肯定和继承,对中国史学作出了突出的贡献。

吴兢撰《贞观政要》

《贞观政要》是唐代吴兢所编撰的一部政论性史书。全书共十卷,具体分列为论君道、论政体、论任贤、论求谏、论纳谏、论君臣鉴戒、论择官、论封建、论太子诸王定分、论尊敬师傅等篇目共四十篇。《贞观政要》编撰于唐玄宗开元年间,主要记录了唐太宗在位的贞观年间的政事纲要,包括唐太宗与魏徵、王珪、房玄龄、杜如晦等大臣所讨论的治政问题和具体言论,皇帝的诏书、政令,大臣们的政论、劝谏、奏疏等治国思想,以及一些政治、经济、军事上的重大举措。涉及方面广泛,主要着重于讨论君臣之道、君民关系、任贤纳谏、仁义忠孝、崇儒重礼、俭约节用、固本宽刑、慎始慎终等。所以,这部著作不是单纯记录宫廷档案的史料文献汇编,而是一部寄予着作者的道德理想和政治追求的史学著作。

---

① 《史通通释·惑经第四》卷十四,上海古籍出版社1978年版,第397页。
② 《史通通释·惑经第四》卷十四,上海古籍出版社1978年版,第397页。
③ 《史通通释·自叙第三十六》卷十,上海古籍出版社1978年版,第291—292页。

吴兢作为一位公正客观的良史,具有秉笔直书的史学修养,被称赞有"董狐"之风。据史料载,开元九年,"著作郎吴兢撰《则天实录》,言宋璟激张说使证魏元忠事。说修史见之,知兢所为,谬曰:'刘五殊不相借!'兢起对曰:'此乃兢所为,史草具在,不可使明公枉怨死者。'同僚皆失色。其后说阴祈兢改数字,兢终不许,曰:'若徇公请,则此史不为直笔,何以取信于后!'"①吴兢此种不徇私情、高风亮节的正直精神,灌注着整部《贞观政要》,使得这部书信而有征,具有重要的史料和思想价值。如吴兢在《贞观政要·诚信》篇中直言不讳地陈述了唐太宗后来不善纳谏而使奸佞之徒擅权、忠臣被谤的事实,"昔贞观之始,乃闻善惊叹,暨八九年间,犹悦以从谏,自兹厥后,渐恶直言,虽或勉强有所容,非复曩时之豁如。謇谔之辈,稍避龙鳞;便佞之徒,肆其巧辩。谓同心者为擅权,谓忠谠者为诽谤。谓之为朋党,虽忠信而可疑;谓之为至公,虽矫伪而无咎。强直者畏擅权之议,忠谠者虑诽谤之尤。正臣不得尽其言,大臣莫能与之争。荧惑视听,郁于大道,妨政损德,其在此乎?"②可见,吴兢在编撰这部书时,始终秉持着一种不隐恶、不虚美的严肃著史态度。

在具体的政治思想方面,相较于通常正史而言,《贞观政要》则更加丰富细致。在编排上,层次清晰,主体鲜明,叙事详赡,文笔明畅洗练。这部书既是对唐太宗贞观之治施政经验的历史记录,又蕴含着作者深刻的政治观点和儒家理念。

关于为君之道,吴兢认为,作为一个好的君主,首先必先"存百姓"。因为"'民惟邦本,本固邦宁。'为人上者奈何不敬?"③民众的力量是巨大的,"君,舟也;人,水也。水能载舟,亦能覆舟"④。其次,一个国家的君主之德行对此国之民风有着关键性的导引影响,"君犹器也,人犹水也,方圆在于器,不在于水"⑤。若想使天下安定,必须先"正其身",不能耽于嗜好滋味、声色、生欲纵逸,君主身正自然影直,即上治则下安定。在此,把安民与君主自身修养作为为君的两个重要方面。作为一位明君,清心寡欲

① 《资治通鉴·唐纪二十八》卷二百一十二,中华书局 1956 年版,第 6748 页。
② 吴兢:《贞观政要·诚信第十七》卷五,上海古籍出版社 1978 年版,第 180—181 页。
③ 《贞观政要·慎终第四十》卷十,上海古籍出版社 1978 年版,第 296 页。
④ 《贞观政要·君道第一》卷一,上海古籍出版社 1978 年版,第 16 页。
⑤ 《贞观政要·慎所好第二十一》卷六,上海古籍出版社 1978 年版,第 195 页。

和虚心纳谏是相当重要的,兼听为明君;偏信为暗君。总的来说,为人君者,要做到:"见可欲则思知足以自戒,将有作则思知止以安人,念高危则思谦冲而自牧,惧满溢则思江海下百川,乐盘游则思三驱以为度,忧懈怠则思慎始而敬终,虑壅蔽则思虚心以纳下,想谗邪则思正身以黜恶,恩所加则思无因喜以谬赏,罚所及则思无因怒而滥刑。"①总之,作为一代明君的主导思想应是"为政以德"。

第一,关于唐太宗用贤纳谏。"能安天下者,惟在用得贤才"②,"为政之要,惟在得人,用非其才,必难致治。今所任用,必须以德行、学识为本"③。君王要懂得贤才对于一个国家的重要性,同时,人才也要以高尚的自身德行修养、丰厚的学识内涵为其所宗。《贞观政要·任贤》中列举了唐太宗知人善任、任人唯贤的例子,如房玄龄、杜如晦、魏徵、王珪、李靖、虞世南等。《纳谏》中列举了唐太宗虚心纳谏的例子。身为贤才,当能极言规谏,而唐太宗也常能独自内省:"恒恐上不称天心,下为百姓所怨。但思正人匡谏,欲令耳目外通,下无怨滞。"④"朕今志在君臣上下,各尽至公,共相切磋,以成治道。公等各宜务尽忠谠,匡救朕恶,终不以直言忤意,辄相责怒。"⑤"朕闻卿等规谏,纵不能当时即从,再三思审,必择善而用之。"⑥即使有一些谏言不合其心,亦能不以之为忤,宽容纳之。唐太宗是历史上少有的有如此宽广胸怀来求贤纳谏的皇帝,面对魏徵的去世,唐太宗沉痛地惋惜道:"夫以铜为镜,可以正衣冠;以古为镜,可以知兴替;以人为镜,可以明得失。朕常保此三镜,以防己过。今魏徵殂逝,遂亡一镜矣!"⑦正因为唐太宗如此地知才、惜才、任才,才造就了一个君王开怀纳谏的佳话,更成就了中国历史上如此清明的一段"贞观之治"。

第二,关于太宗固本重农的思想。在古代社会中,农业乃一个国家的根本,故而应该得到特别的重视,正如唐太宗所言"凡事皆须务本。国以人为本,人以衣食为本,凡营衣食,以不失时为本。夫不失时者,在人君简

---

① 《贞观政要·君道第一》卷一,上海古籍出版社1978年版,第9页。
② 《贞观政要·择官第七》卷三,上海古籍出版社1978年版,第93页。
③ 《贞观政要·崇儒学第二十七》卷七,上海古籍出版社1978年版,第219页。
④ 《贞观政要·求谏第四》卷二,上海古籍出版社1978年版,第52页。
⑤ 《贞观政要·求谏第四》卷二,上海古籍出版社1978年版,第48页。
⑥ 《贞观政要·行幸第三十七》卷十,上海古籍出版社1978年版,第282页。
⑦ 《旧唐书·魏徵传》卷七十一,中华书局1975年版,第2561页。

静乃可致耳。若兵戈屡动,土木不息,而欲不夺农时,其可得乎?"①简静无为、躬务俭约、戒奢骄纵、轻徭薄赋、休养生息、安定民众。

第三,关于唐太宗以仁义诚信治国。唐太宗认为,以仁为治国者,国运延长,而以法御人者,虽能救弊于一时,但会使败亡亦促,故而欲专以仁义诚信治国。因为仁义不修,必然导致群下怨叛。人无诚信,则不立。如他说:"是以为国之道,必须抚之以仁义,示之以威信,因人之心,去其苛刻,不作异端,自然安静。"②再如魏徵所疏:"臣闻为国之基,必资于德礼,君之所保,惟在于诚信。诚信立则下无二心,德礼形则远人斯格。然则德礼诚信,国之大纲,在于君臣父子,不可斯须而废也。"③

第四,关于与周边少数民族的关系,唐太宗实行"怀之以德"的民族政策。这与他的慎征伐的贵民思想是相贯通的:"兵者,凶器,不得已而用之。故汉光武云:'每一发兵,不觉头须为白。'自古以来穷兵极武,未有不亡者也。……朕今见此,岂得辄即发兵?但经历山险,土多瘴疠,若我兵士疾疫,虽克剪此蛮,亦何所补?"④如此一来,不仅减轻了人民的战争及赋税负担,可以安居乐业,而且,在客观上,也增加了民族之间的文化交流,对社会的发展起着重要的推动作用。

吴兢是怀着深深的责任感来撰写这部著作的。缘于当时社会危机已初露端倪,政治已有衰颓之势,吴兢遂在歌颂唐太宗时期"贞观之治"的基调上,秉笔直书,评论其政治得失,总结唐太宗的治国施政经验,期望唐玄宗能够从中借鉴,以使国家保持昌明盛世、人民生活安定富足。"庶乎有国有家者克遵前轨,择善而从,则可久之业益彰矣,可大之功尤著矣,岂必祖述尧、舜,宪章文、武而已哉!"⑤实际上,这部书不仅为唐玄宗所取法,也为后代的帝王大臣提供了宝贵的经验和参照。如据史臣记载:"宪宗嗣位之初,读列圣实录,见贞观、开元故事,竦慕不能释卷。"⑥唐文宗"喜读《贞观政要》,每见太宗孜孜政道,有意于兹"。唐宣宗"书《贞观政要》于屏

---

① 《贞观政要·务农第三十》卷八,上海古籍出版社1978年版,第237页。
② 《贞观政要·仁义第十三》卷五,上海古籍出版社1978年版,第149页。
③ 《贞观政要·诚信第十七》卷五,上海古籍出版社1978年版,第180页。
④ 《贞观政要·征伐第三十五》卷九,上海古籍出版社1978年版,第261页。
⑤ 《贞观政要·序》,上海古籍出版社1978年版,第1页。
⑥ 《旧唐书·宪宗纪下后论》卷十五,中华书局1975年版,第472页。

风,每正色拱手而读之"①。另外,史书记载,金熙宗对《贞观政要》中的君臣议论也常常大加称赞。

杜佑撰《通典》

《通典》是中唐时期杜佑所撰写的一部史学著作。这部书是我国历史上第一部体例完备的记录历代典章制度的政书,共二百卷,内分九门,分别为食货、选举、职官、礼、乐、兵、刑、州郡、边防。每门又各分子目,共一千五百余条。简言之,这部书的内容,是一部独立的典章制度通史,专门以中国历代典章制度的源流、沿革、变迁为对象。自远古时代论起,一直至唐天宝末年,偶有关涉到肃宗、代宗、德宗三朝。

杜佑在叙述的过程中,时有引入前人议论,材料翔实,亦不时提出自己的理解和主张,常常"驳去古义,别创新说",主要集中于他自己所写的论、说、评、议等中,"凡义有经典文字其理深奥者,则于其后说之以发明,皆云'说曰'。凡义有先儒各执其理,并有通据而未发明者,则议之,皆云'议曰'。凡先儒各执其义,所引据理有优劣者,则评之,皆云'评曰'"②。故此书的撰成彰显了杜佑的史学才华,同时其中也蕴含着他的史学、哲学、政治、刑法、经济、兵法等思想。

《通典》蕴涵着杜佑深刻的儒家思想追求。从《通典》的篇幅上看,有很大的部分是集中在《礼典》这部分的,从卷第四十一至卷一百四十,如此可见杜佑对礼制的重视,且在这部分的开篇,他就指出"人知礼则教易"。又引用了孔子的话:"夫礼,先王以承天之道,以理人之情,失之者死,得之者生。故圣人以礼示之,天下国家可得而正也。"③以此来论证礼对国家政治、人的教化的重要意义。显然,他是站在儒家思想的立场上来看待的,杜佑本人十分熟悉儒家的传统礼制,对儒典《礼》亦十分精通。

中唐李翰《通典序》有:

> 今《通典》之作,昭昭乎其警觉群迷欤?以为君子致用在乎经邦,

---

① 《资治通鉴·唐纪》卷二百四十八,中华书局1956年版,第8032页。
② 杜佑撰,王文锦等点校:《郊天上·礼二》,《通典》卷四十二,中华书局1988年版,第1167页。
③ 《礼一·礼序》,《通典》卷四十一,中华书局1988年版,第1119页。

经邦在乎立事,立事在乎师古,师古在乎随时。必参今古之宜,穷终始之妙,始可以度其终,古可以行于今。问而辨之,端如贯珠;举而行之,审如中鹄。夫然,故施于文学,可为通儒;施于政事,可建皇极。故采五经群史,上自黄帝,至于我唐天宝之末,每事以类相从,举其终始,历代沿革废置,及当时群生论议得失,靡不条载,附之于事。如人支脉,散缀其体。凡有八门,勒成二百卷,号曰《通典》。非圣之书,乖圣人微旨,不取焉,恶烦杂也。事非经世纬俗程制,亦所不录,弃无益也。若使学者得而观之,不出户,知天下;未从政,达人情;罕更事,知时变。为功易而速,为学精而要;其道甚直而不径,其文甚详而不烦。推而通,放而准。语备而理尽,例明而事中。举而措之,如指诸掌,不假从师聚学,而区以别矣。①

从此篇序文中,可以得知,杜佑撰《通典》的指导思想当是儒家思想,其作此书的直接目的在于"将施有政"、经邦治国,对历史经验加以吸收,以对当下的现实政治和社会有所裨益。正如李翰对杜佑的评价:"雅有远度,志于兴邦,笃于好古,生而知之。"②杜佑首先是一位政治家,有着丰富的从政阅历,深知当时政治制度各方面所存在的问题,故有极强的经世致用思想,安邦定国、革新时弊是其一切学术活动的根基和直接出发点。他的重实效思想也与其丰富的从政经历有关。

杜佑在《进通典表》中说:

臣闻太上立德,不可庶几;其次立功,道行当代;其次立言,见志后学。由是往哲递相祖述,将施有政,用乂邦家。臣本以门资,幼登官序,仕非游艺,才不逮人,徒怀自强,颇玩坟籍。虽履历叨幸,或职剧务繁,窃惜光阴,未尝辍废。夫《孝经》《尚书》《毛诗》《周易》《三传》,皆父子君臣之要道,十伦五教之宏纲,如日月之下临,天地之大德,百王是式,终古攸遵。然多记言,罕存法制,愚管窥测,岂达高深,辄肆荒虚,诚为臆度。每念懵学,莫探政经,略观历代众贤著论,多陈

---

① 《李翰·通典序》,《全唐文》卷四百三十,中华书局 1983 年版,第 4378 页。
② 《李翰·通典序》,《全唐文》卷四百三十,中华书局 1983 年版,第 4378 页。

紊失之弊,或阙拯救之方。臣既庸浅,宁详损益,未原其始,莫畅其终。尚赖周氏典礼,秦皇荡灭不尽,纵有繁杂,且用准绳。至于往昔是非,可为来今龟镜,布在方策,亦粗研寻。自顷缵修,年逾三纪,识寡思拙,心昧辞芜。图籍实多,事目非少,将事功毕,罔愧乖疏,固不足发挥大猷,但竭愚尽虑而已。书凡九门,计二百卷,不敢不具上献,庶明鄙志所之,尘渎圣聪,兢惶无措。①

从这篇奏表中,更能清楚地看出,杜佑对儒家经典的推崇备至。但是,从这些经典的具体内容上,他亦看到了儒家经典在政治法制方面的稀少,而且,他认为传统的涉及政治之作,只是多陈述,而缺少匡救时弊的真正有效之良方。故他志于作一部能够供现实政治借鉴的典制。虽然,杜佑指出了在传统儒家经典中,有关政治制度方面的不足,但显而易见的是,他依然还是把自己所撰的这部书置于儒家思想的体系之下。所以,从内容上说,《通典》是一部政书、史书,从思想上说,这部书亦是一部蕴含儒家追求的思想著作。

《通典》中表现出了重视农业的思想,以及对人民生活的关注。从杜佑此书的结构编排上看,将《食货》置于第一,涉及田制、水利、赋税等多个方面。"夫行教化在乎设职官,设职官在乎审官才,审官才在乎精选举,制礼以端其俗,立乐以和其心,此先哲王致治之大方也。故职官设然后兴礼乐焉,教化隳然后用刑罚焉,列州郡俾分领焉,置边防遏戎敌焉。是以食货为之首,选举次之,职官又次之,礼又次之,乐又次之,刑又次之,州郡又次之,边防末之。或览之者庶知篇第之旨也。"②在这部以国家典章制度为叙述对象的历史著作中,这种有目的的刻意编排,已经非常明显地表现出,杜佑对于人民生活的保障与国家制度的关系的理解。再从此书的内容上看,杜佑更为直接地表现了这一思想。例如,他认为"夫理道之先在乎行教化,教化之本在乎足衣食"。行教化乃是精神和修养上的要求,而此要求必须建立于满足衣食的基础上,若是缺衣少食,教化是无从谈起的。这种思想对孟子的民本思想有所承继,孟子认为:"是故明君制民之

---

① 《旧唐书·杜佑传》卷一百四十七,中华书局 1975 年版,第 3983 页。
② 《通典·序》卷第一,中华书局 1988 年版,第 1 页。

产,必使仰足以事父母,俯足以畜妻子,乐岁终身饱,凶年免于死亡。然后驱而之善,故民之从之也轻。今也制民之产,仰不足以事父母,俯不足以畜妻子,乐岁终身苦,凶年不免于死亡。此惟救死而恐不赡,奚暇治礼义哉?王欲行之,则盍反其本矣。"①人民的基本生活,也即我们今天所说的民生,是一切礼义教化之基础,架空这个根本,硬性行使教化,是为"罔民"。清代乾隆皇帝亦从这个角度对《通典》进行盛赞:"由食货以讫边防,先养而后教,先礼而后刑,设官以治民,安内以驭外,本末次第,具有条理,亦恢恢乎经国之良模矣。"②

这部书多处表达了尊"道德"以为本的思想。于君王而言,贵德不贵功。"夫天生烝人,树君司牧,是以一人治天下,非以天下奉一人,患在德不广,不患地不广。秦汉之后,以重敛为国富,卒众为兵强,拓境为业大,远贡为德盛,争城杀人盈城,争地杀人满野,用生人膏血,易不殖土田。小则天下怨咨,群盗蜂起,大则殒命歼族,遗恶万代,不亦谬哉!"③杜佑认为,君王的存在并不是天下人所要侍奉的主人,其权利也并不是凌驾于人民利益之上的。君主要以国家富强和人民生活的安居乐业为着眼点,好大喜功、苛捐杂税、征伐杀戮等皆不是明君所应崇尚的。因为君王的本质是教化人民修德趋道的带领者,使得臣子与平民百姓以及周边少数民族和谐相处,共同促进生产和社会稳定。

杜佑所撰《通典》对唐代及后世的政治制度有很大的影响,据《旧唐书·杜佑传》记载,在杜佑刚刚将此巨典进献给皇帝时,"优诏嘉之,命藏书府。其书大传于时,礼乐刑政之源,千载如指诸掌,大为士君子所称"④。

唐玄宗注《孝经》

唐玄宗李隆基,是唐睿宗李旦的第三子。据《旧唐书·玄宗纪上》卷八载,他于垂拱元年秋八月出生于东都洛阳。玄宗"性英断多艺,尤知音

① 朱熹:《四书章句集注》,中华书局2011年版,第197页。
② 《通典·御制重刻通典序》附录,中华书局1988年版,第5513页。
③ 《州郡·州郡序》,《通典》卷一百七十一,中华书局1988年版,第4450—4451页。
④ 《旧唐书·杜佑传》卷一百四十七,中华书局1975年版,第3983页。

律,善八分书。仪范伟丽,有非常之表"①。

唐玄宗对盛唐时期的兴学讲经有着引领之功。《旧唐书·儒学传上》卷一百八十九上载:"高宗嗣位,政教渐衰,薄于儒术,尤重文史。于是醇醲日去,华竞日彰,犹火销膏而莫之觉也。及则天称制,以权道临下,不吝官爵,取悦当时。其国子祭酒,多授诸王及驸马都尉。准贞观旧事。祭酒孔颖达等赴上日,皆讲《五经》题。至是,诸王与驸马赴上,唯判祥瑞按三道而已。至于博士、助教,唯有学官之名,多非儒雅之实。是时复将亲祠明堂及南郊,又拜洛,封嵩岳,将取弘文国子生充斋郎行事,皆令出身放选,前后不可胜数。因是生徒不复以经学为意,唯苟希侥幸。二十年间,学校顿时隳废矣。"②而在这种国学不振、儒学废弃的文化背景下,"玄宗在东宫,亲幸太学,大开讲论,学官生徒,各赐束帛。及即位,数诏州县及百官荐举经通之士。又置集贤院,招集学者校选,募儒士及博涉著实之流。以为儒学篇"③。

唐玄宗以帝王之尊,在开元和天宝年间,两度为《孝经》作注,并颁行天下,对当世及后世的儒学发展影响深远。玄宗喜读史籍,好接儒雅之士,自幼接受儒家经典的教育,唐睿宗赞其"孝而克忠,义而能勇"④。玄宗在即帝位初期,崇尚儒学,以孝治天下,有助于敦厚风俗和社会的安定,造就了开元之治的盛世时代。

开元七年三月初,唐玄宗两次明旨为《孝经》作注。第一次,颁发《令诸儒质定〈孝经〉〈尚书〉古文诏》:"三月一日敕:《孝经》《尚书》,有古文本孔郑注。其中旨趣,颇多舛驳,精义妙理,若无所归,作业用心,复何所适?宜令诸儒并访后进达解者,质定奏闻。"⑤第二次,"其月六日,诏曰:《孝经》者,德教所先,自顷已来,独宗郑氏。孔氏遗旨,今则无闻。又子夏《易传》,近无习者。辅嗣注《老子》,亦甚甄明。诸家所传,互有得失,独据一说,能无短长?其令儒官详定所长,令明经者习读。若将理等,亦可并行。其作《易》者,并帖子夏《易传》,共写一部,亦详其可否奏闻。时议以为不

---

① 《旧唐书·玄宗纪上》卷八,中华书局 1975 年版,第 165 页。
② 《旧唐书·儒学传上》卷一百八十九上,中华书局 1975 年版,第 4942 页。
③ 《旧唐书·儒学传上》卷一百八十九上,中华书局 1975 年版,第 4942 页。
④ 《旧唐书·玄宗纪上》卷八,中华书局 1975 年版,第 167 页。
⑤ 《唐会要·论经义》卷七十七,中华书局 1955 年版,第 1405 页。

可,遂停"①。唐玄宗这两次诏书的颁发,导引了一场关于《孝经》古文孔传与今文郑注真伪及优劣的大辩论。后刘知几又上《〈孝经注〉议》,力陈《孝经注》非郑玄所作。"其年四月七日,左庶子刘子元,上孝经注议曰:谨按今俗所行《孝经》,题曰郑氏注。爰自近古,皆云郑即康成,而魏晋之朝,无有此说。至晋穆帝永和十一年,及孝武帝太元元年,再聚群臣,其论经义,有荀昶者,撰集《孝经》诸说,始以郑氏为宗。自齐梁以来,多有异论。陆澄以为非玄所注,请不藏于秘省。王俭不依其请,遂得见传于时。魏齐则立于学官,著在律令。盖由肤俗无识,故致斯讹舛。然则《孝经》非元所注,其验十有二条。"②与国子祭酒司马贞等人观点相左而互相辩诘。此即经学史上著名的刘知几与司马贞等人的"今古文之争"。玄宗遂于其年五月五日颁布《行何郑所注书敕》:"间者诸儒所传,颇乖通议,敦孔学者,冀郑门之息灭,尚今文者,指古传为诬伪,岂朝廷并列书府,以广儒术之心乎。其何郑二家,可令依旧行用。王孔所注,传习者稀,宜存继绝之典,颇加奖饰。子夏传逸篇既广,前令帖易者停。"③虽然这次学术争辩,最终结果并未有胜负之分,但经过这场辩论之后,激发了玄宗重新为《孝经》作注的思想。开元"十年六月二日。上注《孝经》,颁于天下及国子学。至天宝二年五月二十二日,上重注,亦颁于天下"④。

唐玄宗认识到,"知孝"是人德之本,是教之所由生,是治化之根基。故而决定亲自作训注,以垂范将来。在《御注孝经序》中说:"朕闻上古,其风朴略。虽因心之孝已萌,而资敬之礼犹简。及乎仁义既有,亲誉益著。圣人知孝之可以教人也,故因严以教敬,因亲以教爱。于是以顺移忠之道昭矣,立身扬名之义彰矣。子曰:吾志在《春秋》,行在《孝经》,是知孝者,德之本欤!"⑤

首先,《御注孝经》表现出来的是对孝悌的认同,"孝为百行之首,人之常德"⑥。"孝者,德之至,道之要也。言先代圣德之主,能顺天下人心,行

---

① 《唐会要·论经义》卷七十七,中华书局 1955 年版,第 1405 页。
② 《唐会要·论经义》卷七十七,中华书局 1955 年版,第 1406 页。
③ 《唐会要·论经义》卷七十七,中华书局 1955 年版,第 1409 页。
④ 《唐会要·修撰》卷三十六,中华书局 1955 年版,第 658 页。
⑤ 《孝经注疏·孝经序》,《十三经注疏》,上海古籍出版社 1997 年版,第 2540 页。
⑥ 《孝经注疏·三才章第七》,《十三经注疏》卷三,上海古籍出版社 1997 年版,第 2549 页。

此至要之化，则上下臣人，和睦无怨"[①]。此宣扬"孝道"的思想，正对应了儒家的"德治"政治，以德礼来行其统治而治天下，使天下臣民和睦安泰。对于个人而言，行此孝道，亦是光宗耀祖的重要体现。正是对于这种文化思想深深的认同，才促使了一代帝王的注经举措。

其次，《御注孝经》表现出来了对礼的规范性认同，相关行为规范又皆是从孝悌之德中生发而来。从天子到庶人皆有其必须遵守的礼法，"天子虽无上于天下，犹修持其身，谨慎其行，恐辱先祖而毁盛业也"[②]。"君爱其亲，则人化之，无有遗其亲者；君行敬让，则人化而不争"[③]。作为一国之君，要以身作则，谨言慎行，上则无愧于先祖功德，下则为臣子百姓做榜样和表率。

再者，《御注孝经》将孝悌、礼仪与政治文化统一起来。"万物资始于乾，人伦资父为天。故孝行之大，莫过尊严其父也"，"父子之道，天性之常，加以尊严，又有君臣之义"[④]。子对父孝，乃为天性，扩而大之，推而广之，则臣对君义，亦是天性使然。"以孝事君则忠，以敬事长则顺。君子所居则化，故可移于官也"，"因严以教敬，因亲以教爱。于是以顺移忠之道昭矣，立身扬名之义彰矣"[⑤]。"君有过失，则思补益"[⑥]。人之事父可委婉谏诤，那么，臣之事君，对于君王的过失，亦要劝勉补益。孝敬与忠义二者的内在精神是相统一的，故彼此的道理可以互相转化与结合。一个家庭或家族，以孝理治理其家，于一个国家而言，亦要以孝理安定天下。而且，若家族忠孝有道，"上敬下欢，存安没享，人用和睦，以致太平，则灾害祸乱，无因而起"[⑦]，那么，国家自然便可长治久安。

唐玄宗的《御注孝经》与《孝经郑氏解》（即郑注）、《古文孝经孔传》（即孔传）共同成了历史上最具代表性的三大《孝经》注本，而且，在《御注孝经》产生之后，就取代了后两者，成为通行本。《御注孝经》博采众收，具有

---

① 《孝经注疏·开宗明义章第一》，《十三经注疏》卷一，上海古籍出版社1997年版，第2545页。
② 《孝经注疏·感应章第十六》，《十三经注疏》卷八，上海古籍出版社1997年版，第2559页。
③ 《孝经注疏·三才章第七》，《十三经注疏》卷三，上海古籍出版社1997年版，第2549页。
④ 《孝经注疏·圣治章第九》，《十三经注疏》卷五，上海古籍出版社1997年版，第2553页。
⑤ 《孝经注疏·孝经注疏序》，《十三经注疏》，上海古籍出版社1997年版，第2540页。
⑥ 《孝经注疏·事君章第十七》，《十三经注疏》卷八，上海古籍出版社1997年版，第2559页。
⑦ 《孝经注疏·孝治章第八》，《十三经注疏》卷四，上海古籍出版社1997年版，第2551页。

学术精炼严谨性。玄宗自述他作的此注是"举六家之异同，会五经之旨趣"①，"爰命近臣，畴咨儒学，搜章摘句，究本寻源；练康成、安国之言，铨王肃、韦昭之训；近贤新注，咸入讨论；分别异同，比量疏密；总编呈进，取正天心"，"每伺休闲，必亲披校，涤除氛荟，搴撷菁华；寸长无遗，片善必举；或削以存要，或足以圆文。其有义疑两存，理翳千古，常情所昧，玄鉴斯通，则独运神襟，躬垂笔削，发明幽远，剖析毫厘，目牛无全，示掌非著；累叶坚滞，一朝冰释"②。同时，《御注孝经》呈现出来的行文风格却是平实简易的，其秉持"翦其繁芜，而撮其枢要"的旨趣做注，故极少冗字赘文和佶屈聱牙之感。郑注较注重名物的训诂，常于此上倾注较大笔力和篇幅；相比而言，孔注则更重视对义理的解读；但《御注孝经》在孔注的基础上又更精炼了义理以及语言的表达。

　　唐玄宗一生为《孝经》《道德经》和《金刚经》皆作过注，但较之于后两者的粗糙初稿而言，尤见他对《孝经》注的重视。随后，又将注文刻石立于太学，保留至今。玄宗两度为《孝经》作注的行为，既体现了他"以孝治天下"的儒家政治思想，也体现了他严谨作注的态度。唐玄宗亲自训注《孝经》，以帝王的地位来做这件事情，一方面阐发了《孝经》的微言奥义，使得儒家"孝道"思想更加发扬光彩。另一方面，这种自上而下的尊孝思想及行为，对国家政局的稳定以及社会风化的淳良，都是十分裨益的。

唐玄宗封禅泰山

　　"封禅"，是中国古代帝王祭祀天地的一种国家重大典礼，多在太平盛世举行。通过此祭祀活动，一方面，向天地报告其伟大功绩，彰显国泰民安、世道清明等；另一方面，意在强化君权天授的合理性，强调君王之权乃授天之命，代天行之，从而巩固王权的统治。之所以到泰山进行封禅，是因为古人认为泰山为"天下第一山"。在泰山上筑土坛祭天，报天之功；在泰山下于小山丘筑坛，报地之功。封禅泰山的思想根基，则是古人对于天人感应、天人合一境界的追求。

---

① 《孝经注疏·孝经注疏序》，《十三经注疏》，上海古籍出版社 1997 年版，第 2541 页。
② 《孝经注疏·孝经注疏序》，《十三经注疏》，上海古籍出版社 1997 年版，第 2540 页。

帝王到泰山举行封禅大典,古已有之,最早可以追溯到先秦时期。对于封禅泰山的意义,历代大儒亦有不同的意见。持肯定意见的有如汉代班固,多从政治教化、国家稳定等方面出发;但也不乏有人反对,有如管仲劝阻齐桓公,亦有南朝梁朝许懋,多从封禅思想的荒谬性出发,认为封禅泰山,燎柴以报告政绩、刻石纪号等说法,乃是纬书之曲说,而非正经之通义,与历史发展事实相违背,是不切实际的说法和行为,指出封禅泰山之祭祀之礼,是后人的牵强附会之说,并用历史故事实来证明封禅之不可行,因为秦始皇也曾封泰山,孙皓曾遣兼司空董朝至阳羡封禅国山。这些事实证明,封禅泰山,皆非盛德之事,不足为法。另外,许懋非常客观地指出,是否为圣主,是否国泰民安,与封禅并无直接关联,封禅皆缘于徒好虚名,"若是圣主,不须封禅;若是凡主,不应封禅"[1]。有类于司马彪所说:"帝王所以能大著于后者,实在其德加于人,不闻在封矣。"[2]

唐玄宗开创了"开元盛世"的局面,他在位的开元时期,唐王朝达至最鼎盛时期,客观上为封禅大典奠定了坚实的物质和社会基础,同时也使得这次封禅蕴含了独特的内涵。

开元十二年,"文武百僚、朝集使、皇亲及四方文学之士,皆以理化升,时谷屡稔,上书请修封禅之礼并献赋颂者,前后千有余篇"[3]。玄宗面对诸奏请,皆未允之,谦恭地回答道:"朕承奉丕业,十有余年,德未加于百姓,化未覃于四海。""抚躬自省,朕何有焉?"并且把所有的政绩都归功于"宗庙社稷之余庆"和"群公卿士之任职"[4]。

但是,侍中源乾曜和中书令张说等人又三次向唐玄宗奏请封禅泰山,其陈述认为,玄宗封禅泰山是天命之事,不得不为,"承大统,临万邦,天所命也。焉可不涉东岱、禅云亭,报上元之灵恩,绍高宗之洪烈,则天地之意,宗庙之心,将何以克厌哉!"[5]此交代了唐玄宗封禅泰山的必要性;而且,唐玄宗在位十四年,建立了伟大功业,国富民安,如此则又具备了封禅泰山的可行性。《唐会要·郊议》卷八对此有载:"且陛下即位以来,十有

---

[1]　姚思廉:《梁书·许懋传》卷四十,中华书局 1973 年版,第 575 页。

[2]　《通典·礼典》卷五十四,中华书局 1988 年版,第 311 页。

[3]　《旧唐书·礼仪志三》卷二十三,中华书局 1975 年版,第 891 页。

[4]　《唐会要·郊议》卷八,中华书局 1955 年版,第 105 页。

[5]　《唐会要·郊议》卷八,中华书局 1955 年版,第 106 页。

四载,创九庙,礼三郊,大舜之孝敬也;敦九族,友兄弟,文五之慈惠也;卑宫室,菲饮食,夏禹之恭俭也;道稽古,德日新,帝尧之文思也;怜黔首,惠苍生,成汤之深仁也;化玄漠,风太和,轩皇之至理也。至于日月星辰,山河草木,羽毛麟介,穷祥极瑞,盖以荐至而为尝,众多而不录。正以天平地成,人和岁稔,可以报于神明矣。"①

面对张说、源乾曜等人屡次上奏和倡议,唐玄宗不得已最终应允诸人所奏请,并颁布《允行封禅诏》:"今百谷有年,五材无眚。刑罚不用,礼义兴行。和气氤氲,淳风淡泊。蛮夷戎狄,殊方异类,重译而至者,日月于阙庭。奇兽神禽,甘露醴泉,穷祥极瑞者,朝夕于林籔……可以开元十三年十一月十日,式遵故实,有事泰山。所司与公卿诸儒,详择典礼,预为备具。勿广劳人,务存节约,以称朕意。"②

此诏下后,诸儒为此封禅大典进行了充分的准备工作,就封禅礼仪的各个细节进行了细密的商议和斟酌。此次封禅大典的礼仪程序由张说与徐坚等人负责草拟,对于礼仪中一些相持不下的细节,张说提出应根据玄宗自己的本心、诚意进行,他向玄宗奏曰:"凡祭者,本以心为主,心至则通于天地,达于神祇。既有先燔、后燔,自可断于圣意,圣意所至,则通于神。燔之先后,臣等不可裁定。"③诸如燔柴与祭祀之先后顺序的决定权,则都归之于玄宗决定。与之相应的,张说亦提出"有不同者,望临时量事改摄""断于圣意"等。

在各项准备工作中,除却封禅仪注的撰写,还包括大典中各种祭祀器物的准备,"立圆台于台上,广五丈,高九尺,土色各依其方。又于圆台上起方坛,广一丈二尺,高九尺,其坛台四面为一阶。又积柴为燎坛于圆台之东南,量地之宜,柴高一丈二尺,方一丈,开上,南出户六尺。又为圆坛于山下,三成、十二阶,如圆丘之制。又积柴于坛南为燎坛,如山上。又为玉册、玉匮、石礛,皆如高宗之制"④。对器物的尺寸大小、色泽、摆放方向位置等各个方面皆有严密的规定。

开元十三年十月辛酉日,唐玄宗一行人等从东都洛阳出发,于十一月

---

① 《唐会要·郊议》卷八,中华书局1955年版,第106页。
② 《唐会要·郊议》卷八,中华书局1955年版,第107—108页。
③ 《通典·礼十四》卷五十四,中华书局1988年版,第1519页。
④ 欧阳修、宋祁撰:《新唐书·礼乐志四》卷十四,中华书局1975年版,第352页。

丙戌日,至泰山,进行封禅,临行前任命张说为右丞相兼中书令,源乾曜为左丞相兼侍中,整个封禅大典由张说主持。

据史书记载,玄宗封禅之日:"其日平明,山上清迥,下望山下,休气四塞,登歌奏乐,有祥风自南而至,丝竹之声,飘若天外。及行事,日扬火光,庆云纷郁,遍满天际。"[1]辛卯,"享皇地祇于社首之泰折坛,睿宗大圣贞皇帝配祀"[2]。壬辰,玄宗在帐殿接受朝贺,"文武百僚,二王后,孔子后,诸方朝集使,岳牧举贤良及儒生、文士上赋颂者,戎狄夷蛮羌胡朝献之国,突厥颉利发,契丹、奚等王,大食、谢䫻、五天十姓,昆仑、日本、新罗、靺鞨之侍子及使,内臣之番,高丽朝鲜王,百济带方王,十姓摩阿史那兴昔可汗,三十姓左右贤王,日南、西竺、凿齿、雕题、牂柯、乌浒之酋长,咸在位"[3]。并制曰:"可大赦天下。封泰山神为天齐王,礼秩加三公一等。仍令所管崇饰祠庙,环山十里,禁其樵采。给近山二十户复,以奉祠神。"[4]

玄宗亲自撰写《纪泰山铭》,勒于山顶石壁之上,即岱顶大观峰,又命中书令张说撰《封祀坛颂》、侍中源乾曜撰《社首坛颂》、礼部尚书苏颋撰《朝觐坛颂》,均勒石以纪德。

唐玄宗此次封禅做出了一个独特的决定,即把他的《玉牒文》公之于天下,这是在此之前的历代帝王封禅都不曾做过的事情。据贺知章解释玉牒之所以秘而不传,是因为玉牒以通意于天,前代或祈长年,希神仙,旨尚微密,故外莫知。对此解释,唐玄宗则称其无所秘密之私,其所求但为天下苍生祈福,故而没有不可示人之理,遂公开牒文:

> 有唐嗣天子臣某,敢昭告于昊天上帝:天启李氏,运兴土德。高祖太宗,受命立极。高宗升中,六合殷盛,中宗绍复,继体丕定。上帝眷祐,锡臣忠武。底绥内难,推戴圣父。恭承大宝,十有三年。敬若天意,四海晏然。封祀岱岳,谢成于天。子孙百禄,苍生受福。[5]

---

[1] 《旧唐书·仪礼志三》卷二十三,中华书局 1975 年版,第 900 页。
[2] 《旧唐书·仪礼志三》卷二十三,中华书局 1975 年版,第 900 页。
[3] 《旧唐书·礼仪志三》卷二十三,中华书局 1975 年版,第 900 页。
[4] 《旧唐书·礼仪志三》卷二十三,中华书局 1975 年版,第 901 页。
[5] 《元宗皇帝·封泰山玉牒文》,《全唐文》卷四十,中华书局 1983 年版,第 437 页。

总的说来,唐玄宗封禅大典规模盛大,"时从山上布兵至于山坛,传呼辰刻及诏命来往,斯须而达。夜中燃火相属,山下望之,有如连星自地属天"①。如此大的声势,彰显了国家的实力,昭示了对儒家和道家思想的推尊,扩大了儒道思想的影响力。然而,同时为此也耗费了巨大的人力、物力、财力。

《大唐开元礼》的修撰

礼乐制度是儒家思想的一个核心内容,也是儒家文化的一个重要外化结晶。依礼而行,是儒者所遵行的道德规范,实质上代表着心中对道德及理想社会的追求。唐玄宗统治的开元时期被誉为"开元之治",在此盛世之中,稳定的国家政权和安定的社会局势,不仅为国家的经济发展提供了机遇,也为制度和礼仪的兴革创造了条件。于是,礼仪巨著《大唐开元礼》应运而生,该书撰成于开元二十年,受到当时和后世的极高赞誉。《四库全书总目提要》评价:"讨论古今,斟酌损益,首末完具,粲然勒成一代典制。"②清代史学家王鸣盛也认为唐礼莫著于开元。《开元礼》无疑是中古礼制完美化的代表。

《大唐开元礼》是一部官修性质的礼仪之作,主持、参与编纂此书的皆为名相硕儒,如张说、萧嵩、王仲丘、徐坚、李锐、施敬本等,另传载参加《开元礼》编撰者还有贾登、张烜、陆善经、洪孝昌等。这部书按照吉礼、宾礼、军礼、嘉礼、凶礼(后杜佑《开元礼纂类》复调整为"吉礼、嘉礼、宾礼、军礼、凶礼")的次序进行编排,结构编排缜密条理,内容记录广博全面、详备精当,主要是以皇帝为中心的国家典礼仪制,以及地方政府的祭仪和官僚家庭的吉凶之仪,所涉社会层面广泛:上至皇帝,下至庶民;所涉礼仪层面全面:郊庙封禅之仪、诸国朝觐之仪及婚丧仪制等。此书的编撰完成,促使在重大礼仪上,不必再诏诸儒进行商定,既避免了聚讼纷纭的争辩,又促进了儒家礼仪的统一和发扬。

《旧唐书·礼仪志一》卷二十一详细记载了《开元礼》的缘起:"开元十

---

① 《旧唐书·礼仪志三》卷二十三,中华书局1975年版,第900页。
② 《四库全书总目提要》卷八二,中华书局1965年版,第702页。

年,诏国子司业韦绍为礼仪使,专掌五礼。十四年,通事舍人王嵒上疏,请改撰《礼记》,削去旧文,而以今事编之。诏付集贤院学士详议。右丞相张说奏曰:'《礼记》汉朝所编,遂为历代不刊之典。今去圣久远,恐难改易。今之五礼仪注,贞观、显庆两度所修,前后颇有不同,其中或未折衷。望与学士等更讨论古今,删改行用。'制从之。初令学士右散骑常侍徐坚及左拾遗李锐、太常博士施敬本等检撰,历年不就。说卒后,萧嵩代为集贤院学士,始奏起居舍人王仲丘撰成一百五十卷,名曰《大唐开元礼》。二十年九月,颁所司行用焉。"①

实际上,在开元十四年的八月,元行冲已集学者撰成《类礼义疏》五十卷奏上,"初,有左卫率府长史魏光乘奏请行用魏徵所注《类礼》,上遽令行冲集学者撰《义疏》,将立学官。行冲于是引国子博士范行恭、四门助教施敬本检讨刊削,勒成五十卷,十四年八月奏上之"②。但被当时任尚书左丞相的张说驳奏曰:"今之《礼记》,是前汉戴德、戴圣所编录,历代传习,已向千年,著为经教,不可刊削。至魏孙炎始改旧本,以类相比,有同抄书,先儒所非,竟不行用。贞观中,魏徵因孙炎所修,更加整比,兼为之注,先朝虽厚加赏赐,其书竟亦不行。今行冲等解征所注,勒成一家,然与先儒第乖,章句隔绝,若欲行用,窃恐未可。"③结果是:"上然其奏,于是赐行冲等绢二百匹,留其书贮于内府,竟不得立于学官。"④这部书未立官学,也促进了张说领衔重修《五礼仪注》,最终撰成《大唐开元礼》的事宜。

《大唐开元礼》对后代的众多礼仪之书均有较大影响,如中晚唐的《开元后礼》《曲台新礼》,北宋的《太常因革礼》,金代的《大金集礼》等。从国际方面说,日本、新罗、高丽等中国周边国家在礼乐制度上都或多或少对《开元礼》有所借鉴。《新唐书》认为《大唐开元礼》是:"唐之五礼之文始备,而后世用之,虽时小有损益,不能过也。"⑤对于这部书的意义及开创精神,南宋宰相周必大曾作《拟开元礼序》说:"朝廷之所用,有司之所守,非一定之论,则内外无所适从;非不刊之书,则子孙无所取法。今自贞观

① 《旧唐书·礼仪志》卷二十一,中华书局 1975 年版,第 818—819 页。
② 《旧唐书·元行冲传》卷一百二,中华书局 1975 年版,第 3178 页。
③ 《旧唐书·元行冲传》卷一百二,中华书局 1975 年版,第 3178 页。
④ 《旧唐书·元行冲传》卷一百二,中华书局 1975 年版,第 3178 页。
⑤ 《新唐书·礼乐志》卷十一,中华书局 1975 年版,第 309 页。

而至显庆,阅岁未久,二礼之不同,固未害损益之义也。然既出义府傅会,则非所谓一定之论,猥杂有司令式,则非所谓不刊之书。惟开元皇帝励精政治,有意太平,故能遴选儒臣,厘正巨典。惟坚等辩博通贯,体上之意,故能不泥不肆,克辑成书。自时厥后,朝廷有大疑,不必聚诸儒之讼,稽是书而可定。国家有盛举,不必蕰野外之仪,即是书而可行。世世守之,毋敢失坠,不其休哉。"①昔人对《开元礼》有极高的评价。欧阳修曾谓《开元礼》使"唐之五礼之文始备,而后世用之,虽时小有损益,不能过也"②。《四库全书总目提要》赞其讨论古今,斟酌损益,首末完备,粲然勒一代典制。近代学者章太炎也以为:"择善而从,宜取其稍完美者,则莫尚于《开元礼》矣。"③

《唐律疏议》的修撰

唐永徽二年,唐高宗诏命长孙无忌等人修订了《永徽律》。随后,又诏令对《永徽律》进行疏解,附于律文之下,并于永徽四年颁行天下,与律合为一体并被确立为国家法典,事实上等同于法律的功能,此即为《永徽律疏》,后世称之为《唐律疏议》。

《唐律疏议》三十卷,包括三大部分:书名、目录和正文。正文包括两部分:律文和疏。律文就是唐律律条,疏文则是对唐律的解释。《唐律疏议》按照《唐律》十二篇的顺序,对律文进行逐条逐句进行详尽、系统、完整的诠解和疏释。清代沈家本在其《重刻唐律疏议序》中说:"名疏者,发明律及注意;云议者,申律之深义及律所不周不达,若董仲舒春秋决狱、应劭决事比及集驳议之类。盖自有疏议,而律文之简质古奥者,始可得而读焉。"④今人武树臣先生指出:"永徽三年,又诏长孙无忌等人撰写《疏议》,对《永徽律》逐条逐句加以阐释。目的在于说明法条的精神及专门术语的概念,以期使各级执法之吏通晓律文,准确援引。"⑤

① 张说等:《大唐开元礼》卷首,民族出版社 2000 年版,第 5 页。
② 《新唐书·礼乐志一》卷十一,中华书局 1975 年版,第 309 页。
③ 章太炎:《章太炎全集·丧服依〈开元礼〉议》第五册第一卷,上海人民出版社 1985 年版,第 35—36 页。
④ 沈家本:《历代刑法考·寄簃文存》卷六,中华书局 1985 年版,第 2208 页。
⑤ 武树臣主编:《中国传统法律文化辞典》,北京大学出版社 1999 年版,第 88 页。

《唐律疏议》的书名,并非此书之本名,而是后来流俗相沿之名,其本名为《律疏》,即解释律文、疏通律意。钱大群先生呼吁当正其名为《唐律疏义》,"总之,我认为唐代的《律疏》在宋元时期曾有一个好的书名——《唐律疏义》,而到后来在'义'和'议'已不通用的情况下却形而上学地又把它称为《唐律疏议》,这是一种误会"①。但也有学者对钱大群的说法进行了质疑和否定,认为钱先生的观点完全是自己的猜测,缺乏充实的证据,并断言:"恰恰相反,《唐律疏议》是对的,《唐律疏义》是误会,是将'疏议'等同于是'疏义''义疏'而产生的结果。"②

在思想上,《唐律疏议》体现了宽仁治国、体恤人民的儒家精神,其开篇就提出了:"德礼为政教之本,刑罚为政教之用,犹昏晓阳秋相须而成者也。"③在这部法典中,有关死刑的条款是整个封建社会制度下的所有法典中最少的一部。有学者认为:"而长孙无忌等十九人承诏制疏,勒成一代之典,防范甚详,节目甚简,虽总归之唐可也。盖姬周而下,文物仪章,莫备于唐。始太宗因魏徵一言,遂以宽仁制为出治之本,中书奏谳,常三覆五覆而后报可,其不欲以法禁胜德化之意,皭然与哀矜慎恤者同符。"④实际上,法律仅仅是推行政教的手段之一,其根本指导思想还是儒家的政治理想,此为儒家经义的另一种彰显,正如有的学者所说:"法家之律,犹儒者之经。"⑤"唐律的立法宗旨和目的与儒家政治理想具有高度一致性。""以儒家经义为重要渊源和依据,以实现儒家政治理想作为立法宗旨与目的,是传统中国法理最为显著的特点。"⑥

《唐律疏议》还深刻地体现了儒家"孝"的思想,认为子女要做到"善事父母","乐其心,不违其志,以其饮食而忠养之",此即为孝。而有所违犯,即为"不孝",书中对不孝的行为给予了明确的规定:"谓告言、诅詈祖父母父母,及祖父母父母在,别籍异财,若供养有阙;居父母丧,身自嫁娶,若作

---

① 钱大群:《〈唐律疏议〉结构及书名辨析》,《历史研究》2000年第4期。
② 王启涛、徐华:《〈唐律疏议〉得名考》,《西南民族大学学报》(人文社会科学)2011年第12期。
③ 长孙无忌等撰,刘俊文点校:《名例》序疏,《唐律疏议》,中华书局1983年版,第3页。
④ 《附录·唐律疏议序》,《唐律疏议》,中华书局1983年版,第663页。
⑤ 《唐律疏议》,中华书局1983年版,第664页。
⑥ 蒋楠楠:《传统法典中的法理及其现代价值——以〈唐律疏议〉为研究中心》,《法制与社会发展》2018年第5期。

乐,释服从吉;闻祖父母父母丧,匿不举哀;诈称祖父母父母死。"①

《唐律疏议》在剖析律义及对律文的补充等方面作出了很大的贡献,得到了后代学者的肯定:"其疏义则条分缕别,句推字解,阐发详明,能补律文之所未备;其设为问答,互相辨难,精思妙意,层出不穷,剖析疑义,毫无遗剩。"②清代精于法学的学者吉同钧认为《唐律疏议》是集汉魏六朝之大成者,同时为宋元明清历代创立了法典范本。《唐律疏议》是我国现存的第一部内容完整的法典,对唐代以后的中国法制有着深远的影响,后代修律多广泛参照唐律,如《大明律》《顺治律》等。

《大唐六典》的编纂

《大唐六典》是唐玄宗时期官修的一部官制法典,记载了从唐朝建立之初到唐玄宗开元时期的国家行政官制设定及其历史沿革、细则说明等,明确记录了唐朝自中央到地方的政府管理机构、机构编制、机构职权、组织规模、官员之编制、员额、品级、待遇等各个方面的详细情况。旧书题为唐玄宗御撰,李林甫等奉敕注,实际为张说、张九龄等人编纂,历时十六年撰成,参与撰写的多达十九人。《唐六典》之名源于周礼,依唐玄宗编撰之本意,是以《周官》为范本,将此书分为理典、教典、礼典、政典、刑典、事典六个部分,按《开元六典敕》有:"听政之暇,错综古今,法以《周官》,作为《唐典》。览其本末,千载一时。《春秋》谓考古之法也,行之可久,不曰然欤?"③但由于实际上的唐代官制与周官大不相同,故而只能按照唐代现行所设国家机关体系的实际情况进行编撰分篇,即以诸司及各级官佐为纲目,编有三十卷,近三十万字。首卷为三师、三公、尚书都省;以下依次分卷叙述吏、户、礼、兵、刑、工六部;然后叙门下、中书、秘书、殿中、内侍等五省,以及御史台、九寺、五监、十二卫和东宫官属;末卷为地方职官,分叙三府、都督、都护、州县等行政组织。《大唐六典》的撰成是中国古代行政法制逐渐走向成熟完备的标志之一。

《新唐书·艺文志》中记载了《唐六典》的撰修过程:"开元十年,起居

---

① 《唐律疏议》,中华书局1983年版,第12页。
② 《附录·唐律疏议序》,《唐律疏议》,中华书局1983年版,第665页。
③ 《唐会要·庙堂下》卷十六,中华书局1955年版,第340页。

舍人陆坚被诏集贤院修'六典',玄宗手写六条,曰理典、教典、礼典、政典、刑典、事典。张说知院,委徐坚,经岁无规制,乃命毋煚、余钦、咸廙业、孙季良、韦述参撰。始以令式象《周礼》六官为制。萧嵩知院,加刘郑兰、萧晟、卢若虚。张九龄知院,加陆善经。李林甫代九龄,加苑咸。二十六年书成。"①

开元十年,李隆基召起居舍人陆坚修《六典》,由丽正书院总其事。关于该书撰成时间,史书记载亦有三种说法:一是在开元二十四年,张九龄罢相之前,就已经向皇帝进呈了草案;二是开元二十七年二月,据《唐会要》卷三十六载,张九龄等于此时撰成《六典》三十卷进上;三是开元二十六年之说。

编撰者按照"以类相从,撰录以进"的总纲,将唐朝制度分门别类地整理出来,完成了这一部法典巨著。事实上,《唐六典》承载了玄宗的一切意图,正如陈寅恪先生曾指出,《六典》是"唐玄宗欲依周礼太宰六典之文,成唐六官之典,以文饰太平"的"帝王一时兴到之举"②。

《唐六典》虽然是一部规模宏大、资料翔实丰富的制度法典,但深究其撰写初衷,可以窥探出深刻的儒家思想。首先,"六典"即取名于儒家的礼法经典《周礼》:大宰之职,掌建邦之六典,以佐王治邦国:一曰治典,以经邦国,以治官府,以纪万民;二曰教典,以安邦国,以教官府,以扰万民;三曰礼典,以和邦国,以统百官,以谐万民;四曰政典,以平邦国,以正百官,以均万民;五曰刑典,以诘邦国,以刑百官,以纠万民;六曰事典,以富邦国,以任百官,以生万民。唐玄宗欲以国之力撰写一部法制巨典,且有意模仿《周礼》,可见其十分重视儒家礼法对政治制度的重要意义。

再者,从唐玄宗的任命中,表现了他对《唐六典》的思想倾向的定位。陆坚、张说、萧嵩、张九龄等主持者,以及徐坚、韦述、刘郑兰、卢善经等修撰者,大多是熟读经书的儒者,有着自觉的儒家操守。尤其居于很高政治地位的张说、张九龄等,力主文治,引进文儒,倡导复古。故而,在实际的撰写中,必然不可避免地带有儒学旨向。

此外,关于《唐六典》撰写之后是否颁布行用的问题,学界有不同观

---

① 《新唐书·艺文志二》卷五十八,中华书局1975年版,第1477页。
② 陈寅恪:《隋唐制度渊源略论稿·职官》,中华书局1963年版,第98—99页。

点。由此也就引起了关于《唐六典》的性质问题的争论,张晋藩、乔伟、王超等为代表的学者认为:《唐六典》是当时所使用的行政法典;而钱大群、李玉生等先生则认为:《唐六典》只是记录官职的官修典籍,并非行政法典。由于史料有限,以及当时历史情况的复杂性,再加以安史之乱的爆发、帝位的变化等,《唐六典》编写初衷与最终颁行情况也会不同。但无论施行与否,《大唐六典》客观上依然是我国保存至今的最早的一部完整、系统、翔实的制度法典,而且,内容多直接取自当时的真正设置及政令,真实可靠,均属第一手资料,这对后代人研究初盛唐时期官制及相关方面都有重要的史料价值。《旧唐书》《新唐书》《通典》的官制方面都是基于《唐六典》而编撰的。

遣唐使与儒家文化的传播

唐朝时期,中国社会稳定、经济繁荣、制度完备、文化昌盛、政策开放,在当时的亚洲具有举足轻重的地位,对周边各国产生了巨大的影响。日本国内正值转型时期,亟待先进政治文化等各方面的改革,于是,遣唐使的繁荣应运而生。

隋朝时,日本推古天皇朝就派出遣隋使团,先后不少于四次。见于史籍记载最早者,开皇二十年,摄政厩户太子首次遣使入隋。《隋书·倭国传》有:"开皇二十年,倭王姓阿每,字多利思比孤,号阿辈鸡弥,遣使诣阙。"[1]后于大业三年、四年,圣德太子两次以小野妹子为使节,赴隋学习。作为回访,隋炀帝也曾派文林郎裴世清携代表团赴日。大业十年,日方又遣使团入隋,有若干留学生、学问僧等同往。遣隋使促进了中日之间的文化交流,密切了二者的关系,对后来的遣唐使制度产生了很大的影响。

有唐一代,公元630年到894年的二百六十多年间,日本朝廷先后派出十九次遣唐使团,实际成行达十六次之多。每次规模壮大,人数众多,除却使团官员(正使、副使、判官、录事)外,随行的还有留学僧、主神、阴阳师、医师、画师、乐师、史生等学习交流人员,以及舵师、水手、造舶都匠、船师、木工、铸工、锻工等工匠人员。乘船由最初的两艘增为后来的四

---

[1] 《隋书·倭国传》卷八十一,中华书局1973年版,第1927页。

艘,使团人数由最初的二百多人增至五百余人。

日本遣使者入唐的这段历史进程,学界一般将其划分为四个阶段。第一个阶段是舒明天皇时期到齐明女皇时期,主要包括前四次出使。贞观五年,舒明天皇首次派出遣唐使入长安,《旧唐书・日本传》记载为:"贞观五年十一月,倭国遣使献方物。"[①]这个阶段出使的目的主要有两个,一个是通过学习唐朝先进的政治体制、典章制度、经史律令等,以促进日本国内政治体制的改革;二是通过外交手段,探察大唐与朝鲜半岛的关系,以保护自己的既得利益。第二个阶段是天智天皇时期第五、第六次的出使。这个阶段主要是为了加强与唐朝的亲和关系。第三个阶段是从文武天皇时期至孝谦女皇时期的四次派遣。这个时期,大唐帝国在政治、经济、文化、技术等各方面都进入空前鼎盛时期,国际影响力巨大,周边邻国纷纷来唐,学习其先进的文化思想和科学技术等。学习时间长,人员众多,内容丰富,规模庞大,交流成果亦颇丰。随行人员有阿倍仲麻吕、吉备真备的最为著名的出使团,即在这个时期。第四个阶段是从光仁天皇时期到仁明天皇时期,包括最后三次的出使,是遣唐的没落时期。此时,唐朝经历战乱之后,政局动荡,社会混乱,国力日趋衰落,王朝往日的辉煌与繁华亦日渐衰微。而日本国内的社会和政治改革也基本完成,文化学习趋于饱和,入唐需求和热情已大不如前,且遣唐使的派遣会耗费很大财力、人力、物力等。公元894年,宇多天皇欲遣菅原道真入唐,而菅原道真向天皇奏请废止遣唐使,天皇于次年正式宣布停派遣唐使。遣唐使在中日两国交流的历史长河中画出了绚烂的一笔,对中日两国,尤其日本的政治文化等方面产生了重要的影响。

官方的遣唐使行为也带动了两国的民间交往,两国的海上贸易日益活跃和繁荣。海上线路的开拓发展,为海上贸易提供了交通保障,日本国内对大唐物资的向往和需求,成了商船往来的驱动力,往来的船只上往往载满了我国的陶瓷、香料以及各种生活用品。

遣唐使是日本政府主动派遣,到中国学习先进文化,有着其特殊的历史使命和作用,为日本社会的发展奠定了坚实的基础。中国的政治制度、典章律法、文化思想、汉文典籍、科学技术、工艺艺术、礼仪风俗等,通过使

---

① 《旧唐书・日本传》卷一百四十九,中华书局1973年版,第2627页。

团成员传入日本,影响着日本国内的政治、经济、社会、文化、生活等各个方面,推动了日本社会制度的革新。日本历史上辉煌灿烂的奈良盛世,即是遣唐使在日本传播汉文化的结晶。

遣唐使在中日之间的往来,扩大了儒家思想文化在东亚的传播和影响力。《旧唐书·日本传》载:

> 长安三年,其大臣朝臣真人来贡方物。朝臣真人者,犹中国户部尚书,冠进德冠,其顶为花,分而四散,身服紫袍,以帛为腰带。真人好读经史,解属文,容止温雅。则天宴之于麟德殿,授司膳卿,放还本国。开元初,又遣使来朝,因请儒士授经。诏四门助教赵玄默就鸿胪寺教之,乃遣玄默阔幅布以为束修之礼,题云"白龟元年调布"。人亦疑其伪。所得锡赉,尽市文籍,泛海而还。其偏使朝臣仲满慕中国之风,因留不去,改姓名为朝衡,仕历左补阙、仪王友。衡留京师五十年,好书籍,放归乡,逗留不去。①

开元五年这次遣唐使团,请求唐朝儒士授之经义、教之礼仪等,不求锡赉,而是搜求各类汉文典籍,而且还通鸿胪寺奏请谒孔子庙堂,礼拜寺观。遣使团满载大量汉籍而归,甚至更有逗留不归者,可见其对中国经史的倾慕,对中国文化思想的渴望。汉籍东传,儒学作为汉学的核心文化,潜移默化地被日本民族吸收,在各地得到普及。

以儒家文化为核心的中华文化,对日本社会生产生活的影响是多方面的。政治上,日本政府通过大化革新所建立的行政体系,即是模仿唐三省六部制和郡县制,并确立了以儒家为核心的治国理念。圣德太子执政时期更是大力倡导儒家思想。孝德天皇效仿唐制,主张"孝为百行之先",令全国每户备《孝经》一本。在经济上也效法唐朝的税收制度。教育上,日本仿唐,在中央设太学,地方设国学以培育人才,还开设各类学校教授学习汉学。建筑上仿唐,奈良的平城京、京都的平安京,都是依照唐长安城的规模和风格修建的。日本国民在生活习俗习惯上也崇尚唐风,男女衣服皆依唐制,喜爱唐朝的茶艺,重视庆祝春节、端午、中秋、重阳等传统

---

① 《旧唐书·日本传》卷一百四十九,中华书局1973年版,第2627页。

节日,学习唐朝书法、围棋、绘画、雕塑、音乐、舞蹈、相扑等。日本文字的产生也是模仿汉文的结果,吉备真备在利用中国汉字的标音表意基础上,用汉字的偏旁部首造成"片假名",学问僧空海用汉字草体造成"平假名"。另外,日本文学也受到了中国古代文学很大的影响,无论是天皇贵族,还是普通民众,十分喜读中国的诗词歌赋,并涌现了一批优秀的文学家和诗人,如葛野王、舍人亲王、太安万侣等,以留学僧空海为代表的入唐大使,还撰写了汉文诗集。菅原道真受白居易诗文影响颇深,他所作的《源氏物语》和《枕草子》,有着浓厚的汉文学色彩。

遣唐使这项外交制度,保障了日本天皇政府的改革得以顺利进行,加速了自身的文明进程。同时,在中国文化尤其儒家文化在东亚的传播中,遣唐使作为桥梁使者,起到了巨大的作用。

唐代易学的新发展

《四库全书总目提要》有:

> 圣人觉世牖民,大抵因事以寓教。《诗》寓于风谣,《礼》寓于节文,《尚书》《春秋》寓于史,而《易》则寓于卜筮。故《易》之为书,推天道以明人事者也。《左传》所记诸占,盖犹太卜之遗法。汉儒言象数,去古未远也。一变而为京、焦,入于禨祥,再变而为陈、邵,务穷造化,《易》遂不切于民用。王弼尽黜象数,说以老庄。一变而胡瑗、程子,始阐明儒理,再变而李光、杨万里,又参证史事,《易》遂日启其论端。此两派六宗,已互相攻驳。又《易》道广大,无所不包,旁及天文、地理、乐律、兵法、韵学、算术以逮方外之炉火,皆可援《易》以为说,而好异者又援以入《易》,故《易》说愈繁。[1]

中国古代易学,大致可分为义理和象数两派,各又形成三个宗派,即象数派的卜筮、禨祥、造化与义理派的玄学、儒理、史事,总为"两派六宗",各派异说纷繁。孔颖达奉诏为《周易》作疏编撰而成《周易正义》,专崇王

---

[1] 《四库全书总目》卷一,中华书局1965年版,第4页。

弼玄学而众说皆废，重义理轻象数，导致象数派的一大重镇郑玄易学衰微不振，几近殆绝。对于这种现象，中唐以来的一批易学家，试图将象数与义理综合，重新整理象数易学，以挽救了象数绝灭的危机。

一、李鼎祚与《周易集解》

李鼎祚，新旧《唐书》皆无传，生卒年不详，蜀地资州人，精于经学，尤通五行数术之学，擅筮占。官至左拾遗、秘书省著作郎、殿中侍御史等，后又为秘书省著作郎，仕至殿中侍御史。其著作除《周易集解》十七卷外，还有《连珠明镜式经》十卷。

孔颖达所撰《周易正义》成为官方认定经学，易学遂转变为重义理轻象数，以象数为主的汉学因此落没。李鼎祚憾于此，恐其不复传于后世，故秉持不偏象数或义理的态度，广收前人注疏，汇集了唐以前共32家易说，囊括了孟喜、焦赣、京房、马融、荀爽、郑玄、刘表、何晏、宋衷、虞翻、陆绩、干宝、王肃、王弼、韩康伯、孔颖达等大家之说。在此诸家之中，虞翻注近一千三百节，荀爽注有三百余节，《周易集解》以虞翻、荀爽易学为主，但即使有虞翻、荀爽所斥者，亦具载之，而不会独断取舍，尽可能博采众长，辑录不遗。正如卢文弨在《李既方补李鼎祚周易集解序》中称："李氏（鼎祚）之为此书，未尝执己之意，以决择诸家而去取之也。故凡异同之说，往往并载不遗。"[①]《周易集解》保存了丰富的易学史料，具有重要的文献价值，是现存最早的一部收录两汉象数易学的集解体著作。

关于《周易集解》的卷数，《新唐书·艺文志一》作十七卷："李鼎祚《集注周易》十七卷。"[②]《宋史·艺文志一》谓十卷："李鼎祚《集解》十卷。"[③]《文献通考·经籍考二》亦谓："李鼎祚《周易集解》十卷。"[④]经刘毓崧考证，他认为《集解》"止有十卷"，李氏释《周易》，更有《索隐》一书，《索隐》别有七卷，"是《索隐》与《集解》本相辅而行，此十七卷之目录所由来也"[⑤]。刘氏所考为得，当从之。

---

① 卢文弨著，王文锦点校：《报经堂文集·李既方补李鼎祚周易集解序》卷三，中华书局 1990 年版，第 27 页。

② 《新唐书·艺文志一》卷五十七，中华书局 1975 年版，第 1426 页。

③ 脱脱等撰：《宋史·艺文志一》卷二百二，中华书局 1977 年版，第 5035 页。

④ 马端临撰：《文献通考·经籍考二》卷一百七十五，中华书局 1986 年版，第 1515 页。

⑤ 刘毓崧：《通义堂文集·周易集解跋》，南林刘氏求恕斋刊本。

关于《周易集解》的篇幅，李鼎祚在自序中称有十卷。晁公武指出："《唐录》称鼎祚书十七卷，今所有止十卷而始末皆全，无所亡佚，岂后人并之耶？"①《四库全书总目》推断除《集解》十卷之外，尚有《略例》一卷，《索隐》六卷，共成十七卷。至宋而《索隐》散佚，刊本又删去《略例》，仅存《集解》十卷。

李鼎祚的《周易集解》对《周易》文本进行改革，在注解每一卦时将《序卦》分置于六十四卦诸卦之前，谓之"《序卦》曰"。这种编撰方法有助于读者形成整体性的理解，受到宋代理学家程颐的赞赏和承袭。宋末元初俞琰的《读易举要》载："崇政殿说书伊川先生河南程颐正叔撰《易传》，止解六十四卦，以序卦分置诸卦之首，盖李鼎祚《集解》亦然。"②程颐认为，卦之序皆有义理，或相反或相生，爻变则义变。《序卦》分散于每卦之前，为避免造成分裂，李鼎祚在卷后又将《序卦》单独列出。

虽然李鼎祚撰《周易集解》采用"集解"的注疏方式，广集诸家，但是他并不是单纯的易学资料汇编。李鼎祚为纠孔颖达《周易正义》之偏玄学义理，而试图以象数之学重新诠释《易》理，整合易说，期有裨于《易》理的完整。书中案语多至百余节，发表己意，多有独创性的见解，以己意解经体现了著者的学术思想。李鼎祚的易学主张和哲学思想集中体现在《周易集解序》一文中：

> 序曰：元气氤氲，三才成象。神功浃洽，八索成形。在天则日月运行，润之以风雨。在地则山泽通气，鼓之以雷霆。至若近取诸身，四支百体合其度。远取诸物，森罗万象备其工。阴阳不测之谓神，一阴一阳之谓道。范围天地而不过，曲成万物而不遗。仁者见之以为仁，知者见之以为知。百姓日用而不知，君子之道鲜矣。斯乃显诸仁而藏诸用，神无方而易无体，巍巍荡荡难可名焉。
>
> 故圣人见天下之赜而拟诸形容，象其物宜而观其会通，以行其典礼，触类而长之。
>
> 是故君子居则观其象而玩其辞，动则观其变而玩其占。

---

① 晁公武撰，孙猛校证：《郡斋读书志校证》卷一，上海古籍出版社1990年版，第19页。
② 俞琰撰：《读易举要》卷四，上海古籍出版社1990年版，第22页。

原夫权舆三教,铃键九流,实开国承家修身之正术也。①

李鼎祚认为,元气氤氲,化生万物,为天地人三才,日月风雨星辰山泽等,近之诸身,远之诸物,森罗万象,皆合其度、备其工。这一化生过程阴阳不测,此神妙之理即一阴一阳之道。而圣人所作之易,即是元气运行之模拟,范围天地而不过,曲成万物而不遗。鼎祚认为易学乃"开国承家修身之正术",人伦之义、家国之教、治国之道、为人修养等,皆源于元气自身之秩序。人之穷理尽性抑或安身立命,《周易》皆给予了精义指导,具有强烈的现实意义。

在《周易集解序》中,李鼎祚自述道:"臣少慕玄风,游心坟籍,历观炎汉迄今巨唐,采群贤之遗言,议三圣之幽赜,集虞翻、荀爽三十余家,刊辅嗣之野文,补康成之逸象,各列名义,共契玄宗。"②李鼎祚的《周易集解》在易学史上具有重要的学术价值。一方面,它广集了唐之前丰富的易学文献资料,尤其使两汉象数易学得到了最大保存,成为后代学者研究汉代易学不可忽略的典籍,具有重要的文献学价值;另一方面,它对象数易学重新正视,打破了官方以王学为主的局面,以己意解经,开启了中唐以后"自名其学"的新学风。《周易集解》是一部足以与《周易正义》相媲美的著作,故四库馆臣评曰:"盖王学既盛,汉易遂亡,千百年后学者,得考见画卦之本旨者,惟赖此书之存矣。是真可宝之古笈也。"③

二、崔憬、侯果的易学

崔憬,生平不详,史传不载,精通易学,著有《周易探玄》。因憬说述及孔疏,知其生活年代应当在孔颖达之后,而李鼎祚《周易集解》多引崔憬易说,引之"大衍之数五十,其用四十有九"节述,可推知其当在李鼎祚之前。《周易探玄》原书已佚,卷帙不详,而其文多被李鼎作《周易集解》所援引,得以流传于世。李鼎祚非常推崇崔憬,据潘雨廷先生统计,《周易集解》采崔氏易注二百余节,仅次于虞翻、荀爽易注。④ 清马国翰采《周易集解》所

---

① 李道平撰,潘雨廷点校:《周易集解纂疏》,中华书局1994年版,第2页。
② 《周易集解纂疏》,中华书局1994年版,第2页。
③ 《四库全书总目》卷一,中华书局1965年版,第4页。
④ 《周易集解纂疏·点校体例》,中华书局1994年版,第3页。

引崔憬的遗文一百八十余条,在《玉函山房辑佚书》中辑有《周易探玄》三卷。

崔憬解《易》,有诸多独到之处,或"称为新义",一方面注重玄理,虽然马国翰评之"不墨守辅嗣之注",但实际上崔憬对王注孔疏进行了诸多借鉴和提炼,此类例子在崔注中非常多,有些直接按照《周易正义》的大意而来,有些则稍加改动,或进一步延伸,或进一步提炼。另一方面,崔氏易注也兼采象数,主张《易》以象为本,在注解"圣人立象以尽意"一节里,崔憬注云:"言伏羲仰观俯察而立八卦之象,以尽其意。设卦谓因而重之为六十四卦,情伪尽在其中矣。文王作卦爻之辞以系伏羲立卦之象,象既尽意,故辞亦尽言也。"[①]王弼有"得意忘象""言不尽意"之说,崔憬则持不同理解,明言象尽其意,辞亦尽言。崔憬十分重视易象,认为象是《周易》的根本,人世间万物,天地人三才之道,皆可用卦象来表明,故在对《周易》体例的理解上,以取象说为主。总的来说,崔憬既重义理亦重象数,采用"比""乘""比""应""得位"等原则注经,又征引史实,发扬汉人易学传统,又补汉易之不足。

崔憬易学上的另一个突出贡献,是其对"大衍之数"的重新诠释。他本于《说卦》而不是《系辞》对大衍之数作出了新的解释,在注《系辞传上》"大衍之数五十,其用四十有九"云:

> 案《说卦》云:昔者圣人之作《易》也,幽赞于神明而生蓍,参天两地而倚数。既言蓍数,则是说大衍之数也。明倚数之法当参天两地。参天者,谓从三始,顺数而至五、七、九,不取于一也。两地者,谓从二起,逆数而至十、八、六,不取于四也。此因天地致上,以配八卦,而取其数也。艮为少阳,其数三。坎为中阳,其数五。震为长阳,其数七。乾为老阳,其数九。兑为少阴,其数二。离为中阴,其数十。巽为长阴,其数八。坤为老阴,其数六。八卦之数,总有五十。故云:大衍之数五十也。不取天数一、地数四者,此数八卦之外,大衍所不管也。其用四十有九者,法长阳七七之数也。六十四卦既法长阴八八之数,故四十九蓍则法长阳七七之数焉。蓍圆而神象天,卦方而智象地,阴

---

① 《周易集解纂疏·系辞》卷十四,中华书局 1994 年,第 337 页。

阳之别也。舍一不用者，以象太极，虚而不用也。且天地各得其数，以守其位，故太一亦为一数，而守其位也。[①]

崔憬以八卦阴阳配五十之数，分别为：艮为少阳数三，坎为中阳数五，震为长阳数七，乾为老阳数九，即以阳卦配奇数；兑为少阴数二，离为中阴数十，巽为长阴数八，坤为老阴数六，即以阴卦配偶数。如此正好成为"大衍之数五十"。

八卦之数五十，剩下天数一地数四，在八卦之外，为"衍之所不管"。大衍之数五十，虚其一而不用，是因为这一数取象于太极，守其位虚而不用，但不用并非为虚无实体。崔憬新说，别出心裁，反映了中唐"以意说经"的新学风，但此创新的漏洞亦很多，故遭到后人批评，如李鼎祚谓："既将八卦阴阳以配五十之数，余其天一地四，无所禀承，而云'八卦之外，大衍所不管'者，斯乃谈何容易哉！"[②]

关于崔憬的易学成就，马国翰曾评曰："《集解》于憬论有所驳斥，而采取独多。盖其人不墨守辅嗣之注，而于荀、虞、郑之学有所窥见，故求遗象者，援据为言，第不知唐志何以佚之也。"[③]崔憬易注不墨守王弼易注，兼重义理和象数，并多有新说，成为从汉易转向宋易之先驱。

侯果，生平不详，上谷人，历国子司业等，侍皇太子读，卒后赠庆王傅。精于易学，著有《侯氏周易注》。

关于侯果生平，清人马国翰考证云："果名于史志无考，惟《新唐书·儒学·褚无量传》云：'始，无量与马怀素为侍读，后秘书少监康子元、国子博士侯行果亦践其选。'意侯行果即侯果，唐人多以字行，果名而行其字也。"[④]唐人多以字行，侯果即侯行果。《新唐书·儒学》中列有其传："行果者，上谷人，历国子司业，待皇太子读。卒，赠庆王傅。始行果、会真长乐、冯朝隐同进讲，朝隐能推索《老》《庄》秘义，会真亦善《老子》，每启篇，先熏盥乃读。帝曰：'我欲更求善易者，然无贤行果。'"[⑤]又《儒学下·

① 《周易集解纂疏·系辞》卷十四，中华书局 1994 年，第 339 页。
② 《周易集解纂疏·系辞》卷十四，中华书局 1994 年，第 579 页。
③ 《经编·易类》，《玉函山房辑佚书》卷八，广陵古籍刻印社 1990 年版，第 280 页。
④ 马国翰辑：《玉函山房辑佚书·周易侯氏注》，广陵古籍刻印社 1990 年版，第 267 页。
⑤ 《儒学下·侯行果传》，《新唐书》卷二百，中华书局 1975 年版，第 4220 页。

康子元传》云："元初,诏中书令张说举能治《易》《老》《庄》者,集直学士侯行果荐子元及平阳敬会真于说……子元擢累秘书少监、会真四门博士,俄皆兼集贤诗讲学士。玄宗将东之太山,说引子元、行果、徐坚、韦绂商裁封禅仪。"[①]又据《玉海》与《古今事文类聚》所记,侯行果曾亲为玄宗及太子讲《周易》。综合看来,侯行果当是一位博学儒士,亦为朝廷所重,十分精通易学,曾受到唐玄宗的高度赞扬。

侯果的著作整体已亡佚,今所传其易注主要分见于李鼎祚的《周易集解》中,多达百余节,继虞翻、荀爽、崔憬后,居第四位。马国翰据李氏《周易集解》所引易注,辑《周易侯氏注》三卷,收录入《玉函山房辑佚书》中。清代辑佚大家黄奭除却《周易集解》所引易注,另参照宋代郑刚中《周易窥余》、李衡《周易义海撮要》、朱震《汉上易传》,元代吴澄《易纂言》,明代魏睿《易义古象通》、熊过《周易象旨决录》等书所引易注,辑成《侯果易注》一卷,收入《黄氏逸书考》中。

侯果易学主要属于象数易的理路,也偶有兼及义理,与王学不同,侯注义理与象数之学紧密联系在一起,两方面互相阐明。侯果以卦变说作为解经的主要方法。《周易》以变动为本,各卦各爻皆处在随时变动的情态之中,六十四卦中,卦与卦间往往有着某种变化联系,各卦无论一爻变或数爻变,均可以转化为另一卦,此卦是由彼卦变化而来,这种变化关系被称为"卦变",也称为"变卦",导致"卦变"的某一卦中具体爻象的变化,称"爻变"。汉易卦变之说,本于荀爽、虞翻二人,后成为象数易学家解易的重要条例之一,常为他们所运用。卦变说将易学象数纳入一个阴阳动态变化的系统,任何一个卦象都可以在历时的系统里溯其源而知其往。侯果解易方法,除卦变说外,还采用了爻象、爻位、互体、卦主、当位、乘应等诸种方法。侯氏易学主于郑学,兼参荀虞之学。马国翰称,自王弼易学盛行以来,多重义理,甚至有空文演义之弊,而在此种环境中,侯果能够留心汉学,可谓是卓荦之士。

对于侯果易学的意义,林忠军认为:"单就象数易学而言,虽然侯氏的思想及其运用还没有超出前人的研究成果,也就是说他的象数易学无法与汉儒相提并论,但是在唐代却举足轻重。因为唐代以孔颖达注疏的王

---

① 《儒学下·康子元传》,《新唐书》卷二百,中华书局 1975 年版,第 4222 页。

弼易为官学,明经取士,皆尊为圭臬,士子皆谨守官书,莫敢有异议。在这种情况下,侯氏敢于取象数注《易》,极为可贵,正因为如此,他成为唐代象数易学代表显赫于当时。关于这一点从唐李鼎祚《周易集解》中可以得到证明。"①林氏之论可谓得当。

新《春秋》学派的兴起

唐代三教并存,儒学始终接受着佛道的冲击,尤其来自佛教义疏的挑战。中唐以来,安史之乱、藩镇割据、宦官专权等,对国家的政治、经济、社会等产生了巨大破坏,与之相随的,必然是整个社会道德信仰的崩塌和文化秩序的混乱。就儒家经学而言,钦定《五经正义》虽有统一经学之功,而亦显现出来官方权威导致的学术思想僵化之弊。再加上疑古疑经思潮的盛行,儒学隐藏着失落的危机,日趋丧失生命力。

面对这种境况,儒学不能再固守两汉以来的经学传统,而需要一种宜时而行的解经范式,以恢复经典的生命力来复兴儒学。元稹《对才识兼茂明于体用策》云:"其所谓通经者,不过于于覆射数字,明义者才至于辨析章条,是以中第者岁盈百数,而通《经》之士蔑然。"②传统经学通过诵记章句、辨析章条来解经,形成明经帖试、默诵经疏的学风,这对经典义理的诠释解读、圣人之道的传承发展还是远远不够的。中唐以后,出现了一批有志向的儒家学者,尝试转换解经方向,"自名其学",用自己的思想观点来重新理解儒家经典的义理。《新唐书》载:"大历时,助、匡、质以《春秋》,施士丐以《诗》,仲子陵、袁彝、韦彤、韦茝以《礼》,蔡广成以《易》,强蒙以《论语》,皆自名其学。"③以啖助、赵匡为先驱,陆淳(即陆质)为集大成,兴起了一个新《春秋》学派。

啖助,字叔佐,赵州(今河北赵县)人,博通经学,尤长于《春秋》学,不墨守成规,好标新立异。官职曾历任临海尉、丹阳主簿,后隐居不仕,历十年,撰成《春秋集传》和《春秋统例》。

赵匡,字伯循,河东(今山西永济)人,以治《春秋》著名。官至洋州刺

---

① 林忠军:《象数易学发展史》第二卷,齐鲁书社 1998 年版,第 100 页。
② 《元稹·对才识兼茂明于体用策》,《全唐文》卷六五二,中华书局 1983 年版,第 6627 页。
③ 《新唐书·儒学下》卷一百二十五,中华书局 1975 年版,第 5707 页。

史,补订啖助所撰《春秋集传》和《春秋统例》,自撰《春秋阐微纂类义疏》,已佚,遗说见存于陆淳《春秋集传纂例》和清马国翰《玉函山房辑佚书》。

陆淳,字伯冲,吴郡(今江苏苏州)人,长于《春秋》学。曾任左拾遗、太常博士,迁左司郎中,后又历任信州、台州刺史。撰《春秋集传纂例》十卷、《春秋微旨》三卷、《春秋集传辨疑》十卷,这三部著作至今皆存。另有《类礼》二十卷、《君臣图翼》二十五卷,均佚。

吕温代陆淳写的《进集注春秋表》云:

> 臣不揣蒙陋,斐然有志,思窥圣奥,仰奉文明,以故润州丹阳县主簿臣啖助为严师,以故洋州刺史臣赵匡为益友,考《左氏》之疏密,辨《公》《穀》之善否,务去异端,用明本意。助或未尽,敢让当仁,匡有可行,亦刈其楚,辄集注《春秋》经文,勒成十卷。上下千载,研覃三纪元首虽白,浊河已清。微臣何幸,与道偕遇,窃以德之匪邻,骨肉无应,道苟䜣合,古今相知。①

关于啖助、赵匡、陆淳三人的确切关系,学界还没有定论,《旧唐书·陆淳传》说陆师赵,赵师啖,《新唐书》说赵、陆二人为友,皆为啖助弟子。可以肯定的是,陆淳所著《春秋集传纂例》是对啖赵二人思想的整合和发挥,《春秋集传纂例》目录解题曰:“啖子所撰《统例》三卷,皆分别条流,通会其义。赵子损益,多所发挥,今故纂而合之。有辞义难解者,亦随加以注释,兼备载经文于本条之内,使学者以类求义,昭然易知。”②可以说,这部书是啖、赵、陆三人的思想结晶,是此学派的集大成著作。而在很多学术细节方面,三人又是不尽一致的。例如,关于孔子作《春秋》的宗旨,啖助主张《春秋》是孔子用来“救周之弊,革礼之薄”③。面对周文疲惫,当不得不“变”而致之,他认为,“忠”“敬”“文”是一个往复循环的系统,“夏政忠,忠之弊野,殷人承之以敬,敬之弊鬼,周人承之以文,文之弊僿,救僿莫若以忠,复当从夏政”④。周文之后,复当从夏政,也就是以夏政之“忠”来

---

① 《吕温·代国子陆博士进集注春秋表》,《全唐文》卷六二六,中华书局1983年版,第6322页。
② 陆淳:《春秋集传纂例》,《钦定四库全书》。
③ 《春秋集传纂例·春秋宗指议第一》卷一,《钦定四库全书》。
④ 《春秋集传纂例·春秋宗指议第一》卷一,《钦定四库全书》。

补救周文之弊。赵匡则认为孔子作《春秋》为了:"尊王室,正陵僭,举三纲,提五常,彰善瘅恶,不失纤芥,如斯而已。"①维护周礼,昭显周礼的价值,批判不合周礼的行为,其重点在强调"不变"。陆淳则认为孔子的政治理想是尧舜之道,宣尼之心即尧舜之心,宣尼之道即三王之道。《春秋》中有与周礼不相符合的地方,陆淳则认为,只凭外在是否相符来评判是非,是很肤浅表面的,因为"事或反经而志协乎道""迹虽近义而意实蕴奸"。

在解经方法上,新《春秋》学派展现了儒学从章句训诂之学向义理阐发之学的转变。他们主张冲破传统章句训诂之学,扬弃以往章句师说,批判"以讽诵章句为精,以穿凿文字为奥"的经学传统。而倡导治经要重视主体之"我"和自我意识的凸显,圣人有心,由我而得,以我之心相契于圣人之心,探究尧、舜、孔子之道。《春秋》经史合一,从中探颐"圣人之微旨""王道之根源"。揣度文辞的微言大义,领会大道的真谛,"建构"自己的思想体系,明圣意,立己说。

新《春秋》学派颠覆了传统解经所遵循的"注不驳经,疏不驳注"的惯例。"若旧注理通,则依而书之,小有不安,则随文改易,若理不尽者,则演而通之,理不通者,则全削而别注,其未详者,则据旧说而已。"②扬弃传统三传注疏之说,由"我注六经"转变为"六经注我"的解经范式。

啖助认为,"《春秋》之文,简易如天地焉,其理著明如日月焉",《春秋》经文文字简短,而义理深奥。而"先儒各守一传,不肯相通",各执己见,互相攻驳,导致"因注迷经,因疏迷注""不识宗本"③。他主张以经为本,"剪除荆棘,平易道路,令趣孔门之士,方轨康衢,免涉于险滩也"④。自觉地以己意去解经,勇于革新,剪除荆棘,由此开启了自意解经的理路。

陆淳进一步发展了啖助之说:"《春秋》之文至简,故字皆有义。但见其文,则知其义。必须解释,但相承曲说,遂令迷其指归。何者?夫子制作,本教中人,故简易其文,昭著其义。若能以质直见之,则可不俟传注而自通矣。"⑤陆淳推崇"以质直见之",承继了啖助所说的"忠"和"质",解读

① 《春秋集传纂例·赵氏损益义第五》卷一,《钦定四库全书》。
② 《春秋集传纂例·啖氏集注义第四》卷一,《钦定四库全书》。
③ 《春秋集传纂例·啖氏集传集注义第三》卷一,《钦定四库全书》。
④ 《春秋集传纂例·啖氏集传集注义第三》卷一,《钦定四库全书》。
⑤ 《春秋集传纂例·杂字例第三十三》卷八,《钦定四库全书》。

当真实而简易质朴。此即新《春秋》学派倡导的经学,摆脱章句束缚,追求内在的义理。

新《春秋》学派主张严分经传,以经为本,舍传求经。"考核三传,舍短取长"。对《左氏》《公羊》《穀梁》三传亦有不同的评价和态度。啖助认为"三传所记,本皆不谬",但又"非纯是本说",需要"披沙拣金、错薪刈楚"①。对于三传的看法,他以为《左传》"叙事尤备""论大义得其本源","其大略皆是左氏旧意,故比余传,其功最高"②,又说:"三传叙事及义理同者,但举《左氏》,则不复举《公》《穀》。其《公》《穀》同者,则但举《公羊》。又《公》《穀》理义虽同,而《穀梁》之文独备者,则唯举《穀梁》。"③与啖助相反,赵匡则对《左传》进行了激烈的批评。他认为《左传》浅于《公羊传》《穀梁传》,而且存在更多的虚构和错误之处。陆淳则最重视《穀梁传》,认为其断义最精。

宋人陈振孙说:"汉儒以来,言《春秋》者惟宗三传,三传之外,能卓然有见于千载之后者,自啖氏始,不可没也。"④皮锡瑞说新《春秋》学"是开通学之途"⑤。三传自古各自为说,自啖助始,兼采三传,合成一书,变专门为通学。这是新《春秋》学派的最大贡献和特征。正如《四库全书总目提要》赞其舍传求经,实导宋人之先路。"舍传求经""由我而得"的解经范式,开辟了儒学研究的新思路,拉开了宋明理学的序幕。

韩愈提出道统说

韩愈(768—824),字退之,河南河阳人,是唐代杰出的文学家、思想家、哲学家、政治家。韩愈自称"郡望昌黎",故世称"韩昌黎""昌黎先生"。又以官至吏部侍郎,卒后谥曰"文",故后世又称韩吏部、韩文公。韩愈一生以复兴儒学、攘斥佛老为己任。苏轼对韩愈平生功业予以高度评价,说他文起八代之衰,道济天下之溺,忠犯人主之怒,勇夺三军之帅。

---

① 《春秋集传纂例·啖赵取舍三传义例第六》卷一,《钦定四库全书》。
② 《春秋集传纂例·三传得失议第二》卷一,《钦定四库全书》。
③ 《春秋集传纂例·啖赵取舍三传义例第六》卷一,《钦定四库全书》。
④ 陈振孙撰,徐小蛮、顾美华点校:《直斋书录解题》卷三,上海古籍出版社1987年版,第57页。
⑤ 《经学历史》,中华书局1959年版,第215页。

　　韩愈一生著述很多,代表其儒学思想的主要有《原道》《原性》《原人》《原鬼》《原毁》。韩愈自述他对儒学"寻坠绪之茫茫,独旁搜而远绍"。史学家说他:"深探本元,卓然树立,成一家言。"①"于陵迟之末,遑遑仁义,有志于持世范,欲以人文化成。"②韩愈在儒学陵迟之时,于茫茫坠绪之中,所"旁搜""远绍"的乃是传统儒学的先王之道,其"大抵以兴起名教弘奖仁义为事"③。

　　韩愈追溯儒家自古传承的先王之道不是单纯的复古或以古为尊,在《原道》里,韩愈以敏锐的目光抓住了儒家学说区别于佛老之说的本质特点:仁义。"博爱之谓仁,行而宜之之谓义,由是而之焉之谓道,足乎已而无待于外之谓德。仁与义为定名,道与德为虚位。"④韩愈以"博爱"来解释儒家之"仁"。仁之爱始于孝敬父母、友爱兄弟,并进而推及于家国天下。仁不是空泛的道德德目,而是对人道德实践的实际要求。"行而宜之"即是"义",义来自对仁的遵循和实现,依仁行义即是"道"。遵循仁义之道而行,自足于此而不待乎外就是"德"。在这里,韩愈把仁义置于道德之前,在此基础上,韩愈进一步提出了"定名虚位论"。"道"和"德"作为非常抽象的概念,其外延十分广阔。除了儒家,道家和佛家也可以有自己的道,甚至"盗亦有道"。所以,如果单纯地把"道"作为儒家的最高原则就不能很好地体现儒家的特色。此外,标举仁义之道是儒学最本质的特点,在韩愈之前,孟子就已经揭示了儒家之纲领:亦有仁义而已矣。因此,韩愈用仁义来限定和充实道德的做法可谓是彻底标明了儒家的特色。正因为韩愈对儒家学说的特色和儒家所遵循的价值有明确的意识,所以,他有了明确的儒道之分:"(老子)其所谓道,道其所道,非吾所谓道也;其所谓德,德其所德,非吾所谓德也。凡吾所谓道德云者,合仁与义言之也,天下之公言也。老子之所谓道德云者,去仁与义言之也,一人之私言也。"⑤仁义道德是先王之道的核心,以此为基础,先王之道展开为以修齐治平为基本范畴的活生生的生存实践:

---

① 《新唐书·韩愈传》卷一百七十六,中华书局 1975 年版,第 5265 页。

② 《旧唐书·韩愈传》卷一百六十,中华书局 1975 年版,第 4215 页。

③ 《旧唐书·韩愈传》卷一百六十,中华书局 1975 年版,第 4203 页。

④ 韩愈撰,马其昶校注,马茂元整理:《韩昌黎文集校注·原道》卷一,上海古籍出版社 2014 年版,第 20 页。

⑤ 《韩昌黎文集校注·原道》卷一,上海古籍出版社 2014 年版,第 20 页。

夫所谓先王之教者,何也? 博爱之谓仁,行而宜之之谓义,由是而之焉之谓道,足乎己无待于外之谓德。其文,诗书易春秋;其法,礼乐刑政;其民,士农工贾;其位,君臣父子师友宾主昆弟夫妇;其服,麻丝;其居,宫室;其食,粟米果蔬鱼肉:其为道易明,而其为教易行也。是故以之为己,则顺而祥,以之为人,则爱而公,以之为心,则和而平;以之为天下国家,无所处而不当。是故生则得其情,死则尽其常;郊焉而天神假,庙焉而人鬼享。①

可见,先王之道实际上就是尧、舜、三代开物成务的原则和学说,它在典章制度中表现"道德",在名物度数中显示"义理","将以有为"的仁义道德向外通向家国天下,"施之于天下万物得其宜",向内提升和改善自家生命,所谓"措之于其躬,体要而气平",儒家的价值理想和具体的实践要求尽数为此囊括。

在《原道》中,韩愈首次提出了对后世儒学有深远影响的道统论。陈寅恪先生在其《论韩愈》中总结了韩愈之于中国文化的六个功绩,其首要者即韩愈"建立道统证明传授之渊源"②。这不仅因为:"华夏学术最重传授渊源,盖非此不足以征信于人。"③更根本上是因为"道统意识"的觉醒意味着古与今精神生命的贯通和存在呼应。尧舜禹之事迹、孔孟之学说不再是僵死的礼仪制度和流传下来的外在教导,而是与当下的生命有了活生生的关联,由此,原始的儒家之精神和价值重新得到了发掘和继承。

有些学者认为:所谓"统",其实只是一种虚构的历史系谱,怀有某种可能很崇高的意图的思想家们,把在"过去"曾经出现过的,又经过他们精心挑选的一些经典、人物或思想凸显出来,按时间线索连缀起来,写成一种有某种暗示性意味的"历史",并给这种"历史"以神圣的意义,来表达某种思想的合理性与永久性,于是,就构成所谓的"统"。"在夸张地虚构的一个所谓'道统'中,重新叙述历史,以支持他们新思想的合法性和合理性,并赢回知识、思想和信仰世界的主导地位",总而言之,即在于"他们试

①　《韩昌黎文集校注·原道》卷一,上海古籍出版社 2014 年版,第 21 页。
②　陈寅恪:《论韩愈》,《历史研究》1954 年第 2 期。
③　陈寅恪:《论韩愈》,《历史研究》1954 年第 2 期。

图建构一个可以与种种异端对抗的知识和思想体系"①。这种看法无疑是错失了韩愈道统说的最大功绩,即传统儒家精神的复活。从第一义上来说,道统说并非在政治和思想世界中斗争的理论武器,而是确立了一个超越现实世界的至高标准:仁义。与此相符与否就成了衡量是否继承儒家之道的标准。

牟宗三先生认为:"道"是一种文化的精神生命之方向,每一文化在不同的历史时代都有能展现此"方向"的生命、人格,亦即在不同的历史时代,都有一定的生命、人格能与这一精神生命之方向相呼应、相承当,此即所谓"道统"问题。"尧舜禹汤文武周公孔子孟子一线相承之道,其本质内容为仁义,其经典之文为《诗》《书》《易》《春秋》,其表现于客观政治社会之制度为礼乐刑政。"②牟先生此说可为韩愈道统说之一注脚。在《原道》中,韩愈正式建立了儒家道统论,儒家之道在尧、舜、禹、汤、文、武、周公以及孔孟间代代相传。尧、舜、禹以及孔子等皆是公认的圣人,儒家之道统由这些人开创或继承并无问题。孔子之后,由谁继承这一道统才是韩愈道统说需要慎重思考的地方。当然,只有在佛老侵逼,儒家身份陷入模糊的境域下,儒家自身的身份认同才成为如此严肃的一个问题。韩愈的学生张籍曾上书韩愈,希望韩愈能排佛老、兴存圣人之道,在《上韩昌黎书》中,张籍说道:

> 顷承论于执事,尝以为世俗陵靡,不及古昔,盖圣人之道废弛之所为也。宣尼没后,杨朱、墨翟,恢诡异说,干惑人听,孟子作书而正之,圣人之道,复存于世。秦氏灭学,汉重以黄老之术教人,使人浸惑,扬雄作《法言》而辩之,圣人之道犹明。及汉衰末,西域浮屠之法,入于中国,中国之人。世世译而广之,黄老之术,相沿而炽,天下之言善者,唯二者而已矣。昔者圣人以天下生生之道旷,乃物其金木水火土谷药之用以厚之;因人资善,乃明乎仁义之德以教之,俾人有常,故治生相存而不殊。今天下资于生者,咸备圣人之器用;至于人情,则溺乎异学,而不由乎圣人之道,使君臣父子夫妇朋友之义沉于世,而

---

① 葛兆光:《中国思想史》,复旦大学出版社 2004 年版,第 139 页.
② 牟宗三:《心体与性体》(上),上海古籍出版社 1999 年版,第 164 页。

邦家继乱,固仁人之所痛也。自扬子云作《法言》,至今近千载,莫有言圣人之道者,言之者惟执事焉耳。习俗者闻之,多怪而不信,徒推为訾,终无裨于教也。执事聪明文章,与孟子、扬雄相若,盍为一书以兴存圣人之道,使时之人、后之人,知其去绝异学之所为乎?①

在张籍看来,天下皆因圣人之器用而生,却在思想和价值上溺乎异学,这造成了家国之乱和伦常失序。因此,张籍希望韩愈能够效仿孟、扬,排辟佛、老以"兴存圣人之道":"愿执事绝博塞之好,弃无实之谈,宏广以接天下士,嗣孟子、扬雄之作,辨扬、墨、老、释之说,使圣人之道,复见于唐,岂不尚哉!"②然而对于排二家、传圣人之道,韩愈当时还没有想好究竟是要宣之于口还是书之于简,韩愈云:"吾子所论:排释老不若著书,嚣嚣多言,徒相为訾,若仆之见,则有异乎此也!"③又说:"化当世莫若口,传来世莫若书。又惧吾力之未至也。三十而立,四十而不惑,吾于圣人,既过之犹惧不及;矧今未至,同有所未至耳。请待五六十然后为之,冀其少过也。"④张籍于是再次致书韩愈,言辞更加恳切地说:"今师友道丧,浸不及扬雄之世,不自论著以与圣人之道,欲待孟子之门人,必不可冀矣。"⑤韩愈答复道:

> 今夫二氏行乎中土也,盖六百年有余矣。其植根固,其流波漫,非所以朝令而夕禁也。自文王没,武王周公成康相与守之,礼乐皆在,及乎夫子,未久也;自夫子而及乎孟子,未久也;自孟子而至乎扬雄,亦未久也,然犹其勤若此,其困若此,而后能有所立;吾其可易而为之哉!⑥

佛老流行于中国数百年,其根基甚深,排佛老之举并不容易实施。在这里,出于孟、扬二人排斥异端,维护儒道的功绩,韩愈把孟子和扬雄都列

---

① 《张籍·上韩昌黎书》,《全唐文》卷六八四,中华书局 1983 年版,第 7007—7008 页。
② 《张籍·上韩昌黎书》,《全唐文》卷六八四,中华书局 1983 年版,第 7007—7008 页。
③ 《韩昌黎文集校注·答张籍书》卷二,上海古籍出版社 2014 年版,第 147 页。
④ 《韩昌黎文集校注·答张籍书》卷二,上海古籍出版社 2014 年版,第 148 页。
⑤ 《张籍·上韩昌黎书》,《全唐文》卷六八四,中华书局 1983 年版,第 7009 页。
⑥ 《韩昌黎文集校注·重答张籍书》卷二,上海古籍出版社 2014 年版,第 151 页。

于孔子之后，他甚至把扬雄也看成是孔子之道的继承者。不过等到韩愈终于采纳张籍的建议写作了《原道》诸篇，并正式提出儒家道统论时，韩愈又把扬雄排除出儒家道统传续之谱系，将儒道之传止于孟子。究其缘由，就如韩愈所言："荀与扬也，择焉而不精，语焉而不详。"以仁义为标准来衡量，荀、杨之学说自然不像孟子那样醇乎醇。韩愈这一排除荀子和扬雄，并将儒家道统止于孟子的做法无疑是后来宋明理学道统论的先声，也是其思想真正具有创造性的地方。区别于后来的宋明理学，注疏式的经学是汉唐儒学的正统形态，而以解经家法而传承的著名经师就是儒学的主要承递者。唐初，孔庙祭祀添加了汉唐历代解经大儒："(贞观)二十一年，又诏曰：'左丘明、卜子夏、公羊高、毂梁赤、伏胜、高堂生、戴圣、毛苌、孔安国、刘向、郑众、杜子春、马融、卢植、郑玄、服虔、何休、王肃、王弼、杜预、范宁二十一人，并用其书，垂于国胄。既行其道，理合褒贬。自今有事太学，可与颜子俱配享孔子庙堂。'"①

此二十一人都是历代著名的传经之儒，以传经之儒配享孔子，表明了在唐代的官方思想里，注疏式的经学才是儒家的正统学说，而像孟子这样的儒家诸子学系统中的人物，因为其缺乏经学上的贡献，并不能算作经师，也就受到了官方的忽视。在这样的思想背景下，将孟子看作是继承孔子的真正大儒，并将道统之传断裂于孟子的做法可谓是韩愈最具创造性的观点。

从思想的发生上来考察的话，韩愈道统说的产生无疑是受了佛教宗派传法世系的刺激。佛教各宗派建立"法统"是为了明确自己学说的传递源流并给予历史的合法性，儒家道统的确立也能达成这样的效果。将儒家道统回溯至尧舜一方面表现了儒家之道的源远流长，另一方面也标明了儒学相对于佛老的正统性：儒家之道乃是尧舜所传的华夏之道，而非从蛮夷而来的异端。当然，道统说的提出也有孔子和孟子的启发。孔子一生致力于复兴"周文"，"先王之道，斯为美"（《论语·学而》）。孟子则根据其"五百年必有王者兴"的观点提出了尧、舜、汤、文王、孔子的传授体系："由尧、舜至于汤，五百有余岁，若禹、皋陶，则见而知之，若汤，则闻而知之。由汤至于文王，五百有余岁，若伊尹、莱朱，则见而知之，若文王，则闻

---

① 《旧唐书·儒学上》卷一百八十九上，中华书局1975年版，第4942页。

而知之。由文王至于孔子,五百有余岁,若大公望散宜生,则见而知之,若孔子,则闻而知之。由孔子而来至于今,百有余岁,去圣人之世若此其未远也,近圣人之居若此其甚也,然而无有乎尔,则亦无有乎尔。"(《孟子·尽心下》)可以说,孟子的这一说法是后世儒家"道统说"的先声。韩愈接过了这一话题,首次明确建构了儒家的"道统"。然而在韩愈看来,这一道统自孟子之后就失传了,韩愈有志于儒家之道,他希望像孟子辟杨墨那样排佛老,挽救儒家思想衰颓的局面,因此他自居为道统的传承者:"释老之害过于杨墨;韩愈之贤不及孟子,孟子不能救之于未亡之前,而韩愈乃欲全亡于已坏之后,呜呼,其亦不量其力且见其身之危,莫之救以死也!虽然,使其道由愈而粗传,虽灭死万万无恨!"①在《原道》里,韩愈清楚地叙述了一个从尧、舜以至于孔、孟的儒家之道的传递系谱,这标志着儒家道统论的正式提出以及一种区别于传统注疏式经学的新型儒学的诞生。此外,韩愈通过道统说将孟子地位提升到了孔子之道传承者的地位,也表明了儒学的转型必须摆脱烦琐的经学而去寻求新的思想资源。

在《原道》篇中,韩愈进一步说明了典章制度、社会阶层、伦理秩序、社会礼俗各个方面的儒家文化社会正统,明确了礼法行政制度的根本,社会各等级都有明确的责任和名分,为儒家社会理想模型建立了初步的架构和典范:"其文,诗书易春秋;其法,礼乐刑政;其民,士农工贾;其位,君臣父子师友宾主昆弟夫妇;其服,麻丝;其居,宫室;其食,粟米果蔬鱼肉;其为道易明,而其为教易行也。是故以之为己,则顺而祥,以之为人,则爱而公,以之为心,则和而平;以之为天下国家,无所处而不当。是故生则得其情,死则尽其常;郊焉而天神假,庙焉而人鬼享。"②"是故君者,出令者也;臣者,行君之令而致之民者也;民者,出粟米麻丝,作器皿,通货财,以事其上者也。君不出令,则失其所以为君;臣不行君之令而致之民,则失其所以为臣;民不出粟米麻丝,作器皿,通货财,以事其上,则诛。"③

韩愈之言可谓是关于传统儒家理想的社会秩序的经典论述。钱穆先生认为通常意义下的道统趋于主观性和单传性,因此谬误自然很多,且较为薄弱易中止。"若真道统则须从历史文化大传统言,当知此一整个文化

---

① 《韩昌黎文集校注·答张籍书》卷二,上海古籍出版社 2014 年版,第 241 页。
② 《韩昌黎文集校注·原道》卷一,上海古籍出版社 2014 年版,第 21 页。
③ 《韩昌黎文集校注·原道》卷一,上海古籍出版社 2014 年版,第 20 页。

大传统即是道统。如此说来,则比较客观,而且亦决不能只是一线单传,亦不能说它老有中断之虞。"①其实,钱穆所言的整个文化大传统是儒家文化精神生命的整体,而仁义作为儒家之"道"则是指导和规约这一整体的最基本的原则,不能以前者代替后者。此外,道统虽有单传性或易断性,但只要儒家文化存在,儒家之道就不会断,只会有对之的意识与否罢了。

儒家道统的建立以及儒家社会理想的提出不仅是为了解决现实的政治问题,也是要抢占思想世界的主导权。韩愈在《原道》一文中对佛家无法安顿纲常伦理进行了批判:"今其法曰,必弃而君臣,去而父子,禁而相生相养之道,以求其所谓清净寂灭者。呜呼!其亦幸而出于三代之后,不见黜于禹、汤、文、武、周公、孔子也。"②韩愈所言的相生相养之道就是儒家所言的"仁",仁者以觉润为性,以润物为用,与弃君臣父子的佛家清净寂灭之道相比,儒家的相生相养之仁道则可以繁兴大用,开物成务。如果我们考虑到当时的历史背景,就会明白:无论是经安史之乱扰乱的社会秩序,还是社会大乱所造成的弥漫于士人之间的伤痛心理,都需要一种积极的治疗手段而非一种遁世去俗的消极态度。仁不仅是个人道德修养的一种德目,当仁表现为相生相养之道之后自然就进入社会和国家的层面,也就是说,可以达成内圣外王一贯。

以此为视角来看,对于韩愈来说,佛教就成了不利于治国安邦与引起伤风败俗的夷狄之教,《原人》中曾称:"人者,夷狄禽兽之主也。"③韩愈将夷狄与禽兽等同,并驱逐出(教化之)人的领域。佛教作为未被教化之人的宗教自然不可以凌驾于中原正统思想之上,否则华夏子民也将沦为夷狄禽兽之列,所以应当把佛教"投诸水火,永绝根本"。韩愈甚至想以二帝三王之道来教化佛徒,在一篇受柳宗元所托为即将南行的文畅和尚送行而作的文章中,韩愈抨击佛教并大谈儒家之道,其中说道:"民之初生,固若禽兽夷狄然;圣人者立,然后知宫居而粒食,亲亲而尊尊,生者养而死者藏。是故道莫大乎仁义,教莫正乎礼乐刑政。施之于天下,万物得其宜;措之于其躬,体安而气平。道莫大乎仁义,教莫正乎礼乐刑政。施之于天

① 钱穆:《新亚遗铎》,生活·读书·新知三联书店2004年版,第348页。
② 《韩昌黎文集校注·原道》卷一,上海古籍出版社2014年版,第20页。
③ 《韩昌黎文集校注·原人》卷一,上海古籍出版社2014年版,第20页。

下,万物得其宜;措之于其躬,体安而气平。尧以是传之舜,舜以传之禹,禹以是传之汤,汤以是传之文武,文武以是传之周公孔子;书之于册,中国之人世守之。"①人之出生于禽兽夷狄相类,圣人以仁义之道化人,以礼乐刑政施于天下,整个人类社会方才各得其宜,而佛徒之所以可以与禽兽不同,安居暇食,优游生死也是由于圣人之教化得当。

韩愈对佛教的批判十分激烈,在上书宪宗皇帝的《论佛骨表》一文中,他说道:"佛本夷狄之人,与中国言语不通,衣服殊制。口不道先王之法言,身不服先王之法服,不知君臣之义、父子之情。"②对于佛骨,也应"付之水火,永绝根本,断天下之疑,绝后代之惑③。总之,韩愈对佛教的批判继承了前人已有的观点,诸如"佛本夷狄之人","不知君臣之义,父子之情",不事生产,破坏社会经济等,也提出了一些新的思想内容。如构建儒家的"道统",以对抗佛教的"法统",阐明儒家以"仁义"为主要内容的"道德",与佛教所言"道统"的本质差异。

另外,韩愈还格外重视被人们所忽略的《大学》,倡导"正心诚志"的"内圣之学",与"修齐治平"的"外王之道"相结合,即所谓"治心",以此与佛教舍离此世讲"治心"相抗衡。但韩愈反对佛、道二教,仍然着重于从国家政治、经济两个方面来论述的,批判佛教对国家政治和社会经济所造成的危害。但对佛教精深的理论缺乏研究,不能够从理论和哲学的高度对佛教义理进行批判。因而其批判并不能切中佛教的要害,也是不彻底的,停留在礼俗教化社会价值层面,面对具有系统深邃的因明逻辑学说为基础的佛教道义,理论建树薄弱经不住推敲,缺少形而上的哲学思维,成为儒学发展的致病伤。

除了佛教,韩愈同样也批判了道家的无圣人观:"古之时,人之害多矣。有圣人者立,然后教之以相生养之道。为之君,为之师,驱其虫蛇禽兽而处之中土。寒,然后为之衣,饥,然后为之食;木处而颠,土处而病也,然后为之宫室。为之工,以赡其器用;为之贾,以通其有无;为之医药,以济其夭死;为之葬埋祭祀,以长其恩爱;为之礼,以次其先后;为之乐,以宣其壹郁;为之政,以率其怠倦;为之刑,以锄其强梗。相欺也,为之符玺、斗

---

① 《韩昌黎文集校注·送浮屠文畅师序》卷四,上海古籍出版社 2014 年版,第 282 页。
② 《旧唐书·韩愈传》卷一百六十,中华书局 1975 年版,第 4200 页。
③ 《旧唐书·韩愈传》卷一百六十,中华书局 1975 年版,第 4200 页。

斛、权衡以信之;相夺也,为之城郭、甲兵以守之。害至而为之备,患生而为之防。今其言曰:'圣人不死,大盗不止;剖斗折衡,而民不争。'呜呼,其亦不思而已矣!如古之无圣人,人之类灭久矣。何也?无羽毛鳞介以居寒热也,无爪牙以争食也。"①人无羽毛鳞介和爪牙来除害护身,如果没有圣人为君为师,教给民众以相生相养之道,发明种种生存所需的器用以及建立合理而完善的社会制度,那么"人之类灭久矣"。对于韩愈来说,历史的源头就是圣人,圣人制定了维持人类生存的相生相养之道,因而真正推动了历史的发展。

与道统说相应,韩愈还提出了一套自己的性情论,即"性三品说"。在《原性》一篇中,他集中阐述了这一思想:"性也者,与生俱生也;情也者,接于物而生也。性之品有三,而其所以为性者五;情之品有三,而其所以为情者七。曰何也?曰:性之品有上中下三。上焉者,善焉而已矣;中焉者,可导而上下也;下焉者,恶焉而已矣。其所以为性者五:曰仁、曰礼、曰信、曰义、曰智。上焉者之于五也,主于一而行于四;中焉者之于五也,一不少有焉,则少反焉,其于四也混;下焉者之于五也,反于一而悖于四。性之于情视其品。情之品有上中下三,其所以为情者七:曰喜、曰怒、曰哀、曰惧、曰爱、曰恶、曰欲。上焉者之于七也,动而处其中;中焉者之于七也,有所甚,有所亡,然而求合其中者也;下焉者之于七也,亡与甚,直情而行者也。情之于性视其品。"②

性为先天,"与生俱生",是人先天的禀赋;情"接于物而生",是人与事物发生接触时所产生出来的东西。性与生俱生,包含了"仁义礼智信"五种德行,所谓"五常",五常构成了性之内容;人之情则包括喜、怒、哀、惧、爱、恶、欲七种感情。人性之品有上中下三等,与性之品有三相应,情之品也有三。上焉者,其性主于五常之一而行于其他,其情的发动为中,无过无不及。中焉者,其性不仅不能完全以五常之一为主,其余四者也相对混杂,其感情的表达则有"过",也有"不及"。下焉者,其性则反一悖四,其"直情而行者也",也就是说任由情之肆意发挥而不能以德情原则规范自己。儒学史上孟子提出性善论,荀子则认为"人之性恶,其善者伪也"(《荀

① 《韩昌黎文集校注·原道》卷一,上海古籍出版社1986年版,第17页。
② 《韩昌黎文集校注·原性》卷一,上海古籍出版社1986年版,第22—23页。

子·性恶》），韩愈认为："孟子之言性，曰人之性善；荀子之言性，曰人之性恶；扬子之言性，曰人之性善恶混。夫始善而进恶，与始恶而进善，与始也混而今也善恶，皆举其中而遗其上下者也，得其一而失其二者也。"这就是说，三种人性学说都只是一偏之说，韩愈自己的"性三品说"则是对三者的纠偏。以性三品为基础，韩愈提出了他的教化论："上之性就学而愈明，下之性畏威而寡罪。是故上者可学而大者可制也。"这也就是说，道德修养和政治教化要根据三品之性来相应的调整。

韩愈的性情论显然存在明显的矛盾，他一方面认为性的本质内容是仁、义、礼、智、信，另一方面又把性划分为三品。然而，这种说法与性的定义（性为先天，其内容为五常）相违背。因为，既然以五常论性，则性纯善无恶，又哪里会有品级之分？如果说下品之性有所欠缺或是悖反，那么就意味着五常之性有所混杂或是出现了自我否定，而这在韩愈单薄的理论体系里是难以解释的。尽管存在着漏洞，韩愈对人之性情的讨论启迪了他的学生李翱，后者正是在此基础之上提出了性善情恶说。在韩愈、李翱合著的《论语笔解》一书中，我们可以看到李翱对韩愈之说的推进以及韩愈对此的接受：

> 子贡曰："夫子之文章可得而闻也，夫子之言性与天道不可得而闻也。"孔安国注："性者，人所受以生也；天道者，元亨日新之道深微，故不可得而闻也。"
> 韩曰："孔说粗矣，非其精盎。吾谓性与天道一义也，若解二义，则人受以生，何者不可得闻乎哉？"[1]

这里可以看出，韩愈是以其性三品说来驳斥孔安国的。性与天道为一，而正因为圣人之性为上品之性，方能完全契于天道，所以只有圣人可以闻天道与性。在解释孔子"性相近也，习相远也"（《论语·阳货》）以及"惟上智与下愚不移"（《论语·阳货》）两则看似冲突的言论时：

> 韩曰："上文云性相近，是人可以习而上下也。此文云上下不移，

---

① 韩愈、李翱注：《论语笔解》，中华书局1991年版，第6页。

是人不可习而迁也。二义相反,先儒莫究其义。吾谓上篇云:生而知之上也,学而知之次也,困而学之又其次也,困而不学,民斯为下矣。与此篇二义兼明焉。"

李曰:"穷理尽性以至于命,此性命之说极矣,学者罕明其归。今二义相庚,当以易理明之。'乾道变化,各正性命',又'利贞者,情性也,又'一阴一阳之谓道,继之者善也,成之者性也',谓人性本相近于静,及其动感外物,有正有邪,动而正,则为上智,动而邪,则为下愚。寂然不动,则情性两忘矣"

韩曰:"如子之说,文虽相反,义不相庚。诚知'乾道变化,各正性命','坤道顺乎承天,不习无不利',至哉,果天地之心其邃矣乎!"①

韩愈最初的解释明显说服力不够,在听取李翱关于人性本相近于静,动感外物而成上智下愚的说法之后,韩愈表示赞同并发出了"至哉,果天地之心其邃矣乎"的感叹。

韩愈的道统论对宋人产生了巨大的影响。他从五经中找出并弘扬了《大学》《中庸》诸篇,又与李翱合撰《论语笔解》,还竭力推崇孟子,以孟子为"醇乎醇者","功不在禹下"。在其所创造的道统中,他以孟子直接继承孔子,并以自己为孟子的继承者而自居。韩愈之后,尊孟逐渐成为儒学界的思想主流,《论语》《孟子》《大学》以及《中庸》诸篇更是成了宋明理学依据的根本经典。总之,韩愈的思想在许多方面为儒学别开生面,并促使儒学完成了从经学向宋明理学哲学思辨化的转化。

李翱与《复性书》

李翱(约772—约841),字习之,是中唐著名的思想家、儒家学者和文学家。《旧唐书》本传云其少勤于儒学,而博雅好古,后与韩愈相结识。他"从昌黎韩愈为文章,辞致浑厚,见推当时"②,李翱与韩愈亦师亦友,一起从事"古文运动",共为"文章盟主"。

---

① 《论语笔解》,中华书局1991年版,第25页。
② 《新唐书·李翱传》卷一百七十七,中华书局1975年版,第5282页。

　　同韩愈一样,李翱也以复兴儒学为己任。他主张"文以载道",文章要义、理、文三者皆备。当其时,佛道二教兴盛,在哲学义理的深度上大大地超越了秦汉以来的传统儒学。李翱认为:这是由于秦焚书坑儒导致先秦儒家的性命之学没有流传下来的后果。在他看来,儒家性命之学于孔子、颜子、孟子等圣贤处代代相传,秦火之后方才失传,从此,儒家丢失了对性命之源的体认,只剩下僵死的礼仪、章句等遗留下来:"昔者圣人以之传于颜子,颜子得之,拳拳不失,不远而复其心,三月不违仁。子曰:'回也,其庶乎屡空。'其所以未到于圣人者,一息耳,非力不能也,短命而死故也。其余升堂者,盖皆传也,一气之所养,一雨之所膏,而得之者各有浅深,不必均也。子路之死也,石乞、孟黡以戈击之,断缨。子路曰:'君子死,冠不免。'结缨而死。由也非好勇而无惧也,其心寂然不动故也。曾子之死也,曰:'吾何求焉,吾得正而毙焉,斯已矣。'此正性命之言也。子思、仲尼之孙,得其祖之道,述《中庸》四十七篇,以传于孟轲。轲曰:'我四十不动心。'轲之门人,达者公孙丑、万章之徒,盖传之矣。遭秦灭书,《中庸》之不焚者,一篇存焉。于是此道废缺,其教授者,惟节文、章句、威仪、击剑之术相师焉,性命之源,则吾弗能知其所传矣。"[1]可以看出,李翱的这一说法无疑是受到韩愈"道统说"的影响,而这样的思想当然也可以说是在佛教"法统说"的镜鉴之下儒学士人自身所有的思想上的追根溯源之举。

　　在李翱看来,虽然秦火之后,"此道废缺",性命之学不行。但他深信,大道剥复之际,必有一重开诚明之源,传不传之道之人。在《复性书》中,他夫子自道:"道之极于剥也必复,吾岂复之时耶?吾自六岁读书,但为词句之学,志于道者四年矣,与人言之,未尝有是我者也。南观涛江入于越,而吴郡陆参存焉,与之言之,陆参曰:'子之言,尼父之心也。东方如有圣人焉,不出乎此也,南方如有圣人焉,亦不出乎此也。惟子行之不息而已矣。'呜呼!性命之书虽存,学者莫能明,是故皆入于庄、列、老、释。不知者谓夫子之徒不足以穷性命之道,信之者皆是也。有问于我,我以吾之所知而传焉,遂书于书,以开诚明之源,而绝废弃不扬之道,几可以传于时,命曰《复性书》,以理其心,以传乎其人。呜戏!夫子复生,不废吾言

---

① 李翱:《李文公集·复性书上》卷二,上海古籍出版社 1993 年版,第 7—8 页。

矣。"①可见,李翱虽然志于道多年,但一直无人肯定,直到受到吴郡陆傪的鼓励,才写作了《复性书》上、中、下三篇,他坚信他的复性学说与孔子的思想是相一致的。

关于《复性书》的写作时间,学界历来有所争论,李光富先生认为:韩愈《此日足可惜一首赠张籍》诗有"东野窥禹穴,李翱观涛江"之句。旧注于此诗题下注云:"贞元十五年,公(韩愈)时在徐,(张)籍往谒公。未几辞去,公惜别,故作是诗以送之。"可见李翱"南观涛江"系在贞元十五年。涛江,即浙江省之钱塘江,禹穴,司马迁《太史公自序》云"上会稽,探禹穴",即今绍兴之禹陵。本集卷五《拜禹言》云:"贞元十五年六月二十九日,陇西李翱再拜于禹之堂下。"这说明李翱亦曾"窥禹穴"。本集卷十四《故处士侯君墓志》云:"贞元十五年,翱遇(侯)玄览于苏州。"说明李翱曾游苏州,与《复性书》称与陆傪会见事合。两事均在贞元十五年。与陆傪会见时李翱曾将自己《复性书》中的思想内容讲述给他听,深受陆傪赞许,事后李翱才将这些思想内容整理成文,命之为《复性书》。《复性书》又云:"吾之生二十有九年矣。思十九年时如朝日也,思九年时亦如朝日也。"则《复性书》为李翱二十九岁时作。据李谱考证,贞元十五年李翱二十八岁。而是年李翱南游,观涛江,拜禹陇,会见陆傪与侯高(字玄览),奔走于吴会等地,是无暇著书的。故《复性书》作于其观涛江之次年,即贞元十六年,亦即李翱二十九岁时,可无疑义。而李翱之生于大历七年亦可由此得到进一步证明。② 根据李光富先生的考证,李翱出生于大历七年,写作《复性书》时二十九岁,为贞元十六年,李说证据翔实,结论可信。

在《复性书》里,李翱以《中庸》《大学》《易传》为立论的文本根据,并一定程度上吸收了佛家止观的功夫论,提出了儒家的复性学说。李翱提出了以诚为体的本体论学说,性善而情有不善的二分架构的性情观以及灭情复性的功夫论,这样就大体上初步建立了一个系统的儒家式的心性体系。

在李翱看来,"道也者,至诚也。至诚者,天之道也。诚者定也,不动也"。诚之所谓,真实无妄也。如果说在道德修养上,诚代表毋自欺。例

① 《李文公集・复性书上》卷二,上海古籍出版社1993年版,第8页。
② 李光富:《李翱年谱订补》,《四川大学学报》1985年第4期。

如:《大学》中提到:"所谓诚其意者,毋自欺也。如恶恶臭,如好好色,此之谓自谦。故君子必慎其独也。小人闲居为不善,无所不至,见君子而后厌然掩其不善而著其善。人之视己,如见其肺肝然,则何益矣。此谓诚于中,形于外。故君子必慎其独也。曾子曰:'十目所视,十手所指,其严乎!'富润屋,德润身,心广体胖。故君子必诚其意。"那么于本体论上,诚表示的则是作为天地之本的"道"的真实无妄。进一步来看,真实无妄之道不可能是一种冥暗的、不自知的实体,因为冥暗之物自身缺乏判断真假的标准,因而不可能对之谈及真实与否。所以,就如《中庸》所言,"诚则明也",诚体一定是自照自明的。李翱认为:诚明之本体"寂然不动,广大清明,照乎天地,感而遂通天下之故,行止于默,无不处于极也"①。为了进一步论证"诚"的本体论地位,李翱引用了《中庸》的相关理论:

> 子思曰:"惟天下至诚为能尽其性。能尽其性,则能尽人之性。能尽人之性,则能尽物之性。能尽物之性,则可以赞天地之化育。可以赞天地之化育,则可以与天地参矣。其次致曲,曲能有诚,诚则形,形则著,著则明,明则动,动则变,变则化,唯天下至诚为能化。"②

天下之至诚可以尽人、物之性,通过尽人物之性则可以参赞化育。更一般而言,诚带来形著、明动和变化,这样的一种由无至有的活动是诚之本体自身的发用流行。"道者至诚而不息者也,至诚而不息则虚,虚而不息则明,明而不息则照天地而无遗,非他也,此尽性命之道也。"在这里,道、诚、不息、虚、明皆处于同一位阶,都是对道本身的规定,也正因为诚明之道具备这样的特点,它才是朗照天地的绝对本源。

"诚"并非一种超越的本原,而是人们真正的内在之性。所以对于李翱来说,本体论一定是心性论,而非如柳宗元、刘禹锡的气化宇宙论那样。李翱从关于"诚"的本体论思想进一步引申到了对性情的讨论。立足于《中庸》的文本,李翱把"天命之谓性"解释为了"人生而静,天之性也,性者天之命也"。天命之性保证了内在的天人合一,从而使得本源完全内在化

---

① 《李文公集·复性书上》卷二,上海古籍出版社 1993 年版,第 6 页。
② 《李文公集·复性书上》卷二,上海古籍出版社 1993 年版,第 7 页。

了。天性为静，静则不动心，不动心就可以达到静定的诚明之源。性与道合一，那么性为先天之善，因而，对于李翱来说，具体的人性中恶的那一部分就与性无关，而是归因于情了。这是一套"情有善有不善，而性无不善"的二分架构。《复性书上》讲道：

> 人之所以为圣人者，性也，人之所以惑其性者，情也。喜怒哀惧爱恶欲，七者皆情之所为也。情既昏，性斯匿矣。非性之过也，七者循环而交来，故性不能充也。水之浑也，其流不清，火之烟也，其光不明，非水火清明之过，沙不浑，流斯清矣，烟不郁，光斯明矣。情不作，性斯充矣，性与情不相无也。①

性与天道合一，因此保证了人可以为圣人的可能性，这是任何人都能成圣的内在根据。然而，人并不都是实然的圣人，人皆有喜怒哀乐爱恶欲，七者皆是情之所为，此则足以惑性。性就像一泓清水，可以照鉴天地，然而七情循环交来，如同泥沙一般浑浊了水之清。因而，恶非性之所为，而是来源于情对作为绝对之善的性的一种障蔽。在《复性书》中篇里，李翱以问答的方式谈到了这一点：

> 问曰："情之所昏，性即灭矣，何以谓之犹圣人之性也？"曰："水之性清澈，其浑之者沙泥也。方其浑也，性岂遂无有耶？久而不动，沙泥自沉。清明之性，鉴于天地，非自外来也。故其浑也，性本弗失，及其复也，性亦不生。人之性，亦犹水也。"②

李翱进一步解释了情的来源："虽然，无性则情无所生矣。是情由性而生，情不自情，因性而情，性不自性，由情以明。性者天之命也，圣人得之而不惑者也；情者性之动也，百姓溺之而不能知其本者也。"③性情不能相无，性与情是统一的，李翱所说的性与情的关系，乃是以性为体，以情为用。情不自情，情自身没有自己存在的根据，情由性生，是性的发用流行。

---

① 《李文公集·复性书上》卷二，上海古籍出版社1993年版，第6页。
② 《李文公集·复性书中》卷二，上海古籍出版社1993年版，第10页。
③ 《李文公集·复性书上》卷二，上海古籍出版社1993年版，第6页。

在李翱看来,这种发用流行一方面可以明性,另一方面也可以遮蔽性本身的光明。因而,在如何对待情的问题上之上,出现了圣凡之别和善恶之分:

> 圣人者,岂其无情耶?圣人者,寂然不动,不往而到,不言而神,不耀而光,制作参乎天地,变化合乎阴阳,虽有情也,未尝有情也。然则百姓者,岂其无性耶?百姓之性与圣人之性弗差也,虽然,情之所昏,交相攻伐,未始有穷,故虽终身而不自睹其性焉。火之潜于山石林木之中,非不火也;江河淮济之未流而潜于山,非不泉也。石不敲,木不磨,则不能烧其山林而燥万物;泉之源弗疏,则不能为江为河,为淮为济,东汇大壑,浩浩荡荡,为弗测之深。情之动静弗息,则不能复其性而烛天地,为不极之明。①

天命之谓性,人之本性先天地普遍存在于每一个个体当中,百姓之性与圣人之性没有不同,情是"性之动",是性的外在表现。虽然情是性的外在表现,但由于"情之动静弗息",循环交来,导致百姓溺于情而仿佛"无性"。不过,性作为绝对本源是不能丧失其自身存在的,只不过是由于情一刻也不停地出现使得人们"终身而不自睹其性焉"。因而,圣人并非无情,圣人只不过是不溺于情,可以做到寂然不动,从而能复其性,还其明而已。

正因为性情不能相无,但性善而情有不善,所以一方面虽然任何人都可以通过修养而成为圣人,但另一方面人性也可以受到迷惑。现实中的人很难成圣,究其原因,"非性之过也",而是由于存在迷惑人性的"喜、怒、哀、惧、爱、恶、欲"七种感情。"情既昏,性斯匿矣","七者循环而交来,故性不能充也"。李翱并不反对顺应人性之情,他认为"动而中礼"之情是善的;那种"溺之而不能知其本","交相攻伐"的情则是不善的,违背了人性,这种情为"邪情"。为了复本性,就得灭邪情,邪情不灭,本性难复。这样,性善而情有不善的性情观就导向了"去情复性"为旨归的功夫论。

关于灭情复性的功夫,李翱提出了寂然不动、无思无虑的功夫论,这

---

① 《李文公集·复性书上》卷二,上海古籍出版社1993年版,第6—7页

一功夫又包含两个环节。第一,无所思之正思。《复性书》谈道:"'弗虑弗思,情则不生,情既不生,乃为正思。正思者,无虑无思也。《易》曰:'天下何思何虑。'又曰:'闲邪存其诚。'《诗》曰:'思无邪。'"一般而言,思总是关联于对象的思,无思无虑则思失去了其关联项,而只与其自身相关,因而无对象之物来牵扯情感的滋生,这样一种无所思之思就是"正思"。然而,李翱认为这只是"斋戒其心者",只是静的状态,而静与动相对,有静则有动,所以仍然无法摆脱潜在的情的干扰,未能达到复见本源之性的状态。第二,知本无有思之寂然不动。"方静之时,知心无思者,是斋戒也。知本无有思,动静皆离,寂然不动者,是至诚也。《中庸》曰:'诚则明矣。'《易》曰:'天下之动,贞夫一者也。'"功夫的第二步要求彻底摒除思之可能。思并非自有永有之活动,本来无有思,思只是本源之性的一种衍生活动。有了这样一种洞悟,就可以达到"动静皆离,寂然不动"的境界,从而杜绝邪情的产生。

李翱提出的这一功夫在常人看来未免过于神秘,因而,在《复性书》中篇里,李翱以问答的策略进一步解释了寂然不动的诚明之境,其中谈到了诚明之光照与感觉视听之区别:

> 问曰:"本无有思,动静皆离。然则声之来也,其不闻乎?物之形也,其不见乎?"
>
> 曰:"不睹不闻,是非人也,视听昭昭而不起于见闻者,斯可矣。无不知也,无弗为也。其心寂然,光照天地,是诚之明也。《大学》曰:'致知在格物。'《易》曰:'易无思也,无为也,寂然不动,感而遂通天下之故。非天下之至神,其孰能与于此?'"
>
> 曰:"敢问'致知在格物'何谓也?"
>
> 曰:"物者万物也,格者来也,至也。物至之时,其心昭昭然明辨焉,而不应于物者,是致知也,是知之至也。"[①]

在李翱看来,本无有思、寂然不动的状态并非朽木死灰一般无知无觉。寂然不动本身就是对诚明光照天地的一种描述。虽然,一般而言的

---

① 《李文公集·复性书中》卷二,上海古籍出版社 1993 年版,第 10 页。

感觉见闻也可以解蔽对象,从而使我们有所明悟,然而它与诚明之光照存在根本的区别。如李翱所言,一般的感觉是一种与相见闻之对象相互激发的状态,即"起于见闻"而"应于物"。闻见之明与所闻见之物处于同一位阶,因而其光明本身也是一种被实体化了的光明。然而,诚明之光却"不起与见闻",其光照天地,昭明万物而不应于物。可以说,诚明之光乃是更加本源的,未被实体化了的光。万物皆在诚明之光中得其昭昭之明,皆因踏入诚明之光中而可见、可觉、可感,并进而有喜、怒、哀、乐、爱、恶、欲种种感情来建立所见之物与能见之知、之思的关联。因而,这种应于物的思之光明必然是更加本源的诚明之光的一种衍生。

除此之外,李翱还强调了礼乐对于人灭情复性的作用:

> 圣人知人之性皆善,可以循之不息而至于圣也,故制礼以节之,作乐以和之。安于和乐,乐之本也;动而中礼,礼之本也。故在车则闻鸾和之声,行步则闻佩玉之音,无故不废琴瑟,视听言行,循礼法而动,所以教人忘嗜欲而归性命之道也。[1]

礼乐作为社会的礼制和礼俗等等名物度数并非僵死的无所来源的社会性的规范,在心性论的视角下,礼乐成了圣人教人忘嗜欲而归性命之道的方法,从而重新赢得其独特的意义。礼以节之,乐以和之,在礼乐潜移默化的熏陶里,人们就可以"可以循之不息而至于圣"。

可以说,李翱的《复性书》,以《中庸》《易传》为立论的根据,建立起了儒家的心性论学说,从而在佛道二教一贯擅长的领域发出了儒家自身的声音,这可以说是李翱在儒学方面的最大贡献。李翱的《复性书》在许多方面为宋代理学家谈心性开了先河,这表现在:一,他把"性"与"情"分开,认为"性善情恶","性"是天授,所以是善的,而其恶是因为被"情"所昏蔽,这一点启迪了后来理学家对"天命之性"和"气质之性"的分野,亦是理学家"天理""人欲"之辨的根源。二,"弗虑弗思,情则不生"的所谓"正思"的修养方法,对北宋二程"主敬"的工夫论是产生一定的影响的,也可以认为是南宋朱熹与张栻争论"未发""已发"这一"中和"理论的先声。三,李翱

---

[1] 《李文公集·复性书上》卷二,上海古籍出版社 1993 年版,第 7 页。

特别重视《小戴礼记》中的《中庸》一篇，把《中庸》所讲的"性命之学"，看作是孔孟思想之精髓，这也开了宋儒重视《中庸》的风气之先。《中庸》《大学》在李翱《复性书》之前却并未受到儒家学者的重视，是李翱发掘了《中庸》《大学》中隐藏的性命之道和心性论，从而根本上改变了《中庸》《大学》等篇章之于儒家的地位。四，就李翱复性说理论的细节而言，我们虽然可以找到许多佛道二教影响的痕迹，然而，可以肯定的是，佛教学说并没有影响到他最基本的价值判断及价值取向，李翱并没有舍弃传统儒家的精神方向，这一点在他《去佛斋》《再请停率修寺观钱状》等反佛的文章中有着十分明确的体现。李翱对佛教虽然采取批判的态度。他说"佛法害人，甚于杨墨"，但也吸收了佛家和道家的一些思想，比如《老子》之"复归"、《庄子》之"心斋"、禅宗之灭情见性等观念。更关键的是，李翱不像之前一些反佛的儒家学者那样，单纯从外在的伦理、政治的角度或是从华夷之辨的考量来排斥佛教，而是以综合的方法消化吸收佛道二教的理论来建立儒家的心性论，从而在本体论的基础层面维护了儒学自身的价值判断和立场。后代的宋明理学家大都如李翱那样，出入释老、反求六经，而李翱这种援佛入儒的致思路向，更是开了后代理学和心学的先河。

中唐儒佛的冲突与交融

安史之乱后，国家动荡，政治失序，社会变动，思想领域必然也随之出现转变和调整。自汉代确立了儒学的正统地位开始，儒家的伦理价值观实际一直作为社会主流意识形态而存在。但是，由于中唐时期的社会局面，人们对儒家纲常名教的信仰出现了危机。更为重要的是，儒学自身发展呈现出了困境，尤其面对佛教严密的理论和逻辑论证的冲击，其理论弱点更加凸显。为拯救儒学衰颓之势，涌现出了一批有志者，正面深入思考儒佛关系，力图通过革新儒学达到复兴儒学的目的，革新方式主要可分为两大类型，一种是坚决反对佛教，视佛教为异端，强调佛教对国家社会和人民的现实危害，深化儒学的义理探析，这类以韩愈为代表；一种是积极援佛融佛，寻求儒佛义理的契合处，从而重新构建儒学，这类以柳宗元、刘禹锡、李翱为代表。

佛教作为一种异域文化，自其传入中国开始，便与儒家的诸多价值观相互矛盾,甚至产生了激烈的儒佛斗争。实际上,有唐一代,反佛论争贯穿始终。比较大的论争有:唐初,傅奕、吕才排佛;盛唐,武则天时期的狄仁杰、张廷珪,中宗时的韦嗣立、桓彦范,唐玄宗时期的姚崇等,主要着眼于佛教对国家利益的损害,力斥佛教之弊;中晚唐亦有诸多文人士大夫反佛,其中以韩愈态度最为坚决,产生了很大的影响力。

传统上,虽然反佛论争频出,但其出发点和立论角度大致有以下几点:强调儒学正统、夷夏之辨,认为佛教有悖民族传统;批判佛教无父无君,破坏伦常纲纪;指斥佛教损害国家利益,建寺造像劳民费财,对社会经济产生很大负担等。韩愈在继承前人反佛论点的基础上,更进一步试图在儒学理论的深化上来与佛教抗争。

《原道》是韩愈尊崇儒学、攘斥佛老的代表作。韩愈意欲构建一套儒家"道统",从尧、舜、禹、汤、文、武、周公至孔、孟,这里的"道","非向所谓老与佛之道也。尧以是传之禹,禹以是传之汤,汤以是传之文、武、周公,文、武、周公传之孔子,孔子传之孟轲,孟轲之死不得其传焉"[①]。探求道之本,儒学"道""德"的内涵核心是"仁"和"义",仁存于内,义见乎行,不但讲"治心""诚意正心",且更有见之于"有为"之行,治国平天下。而道家的"剖斗折衡"、佛教的"清静寂灭"都是"灭其天常","今也,欲治其心而外天下国家,灭其常,子焉不父其父,臣焉不君其君,民焉不事其事"[②]。韩愈通过对"道"的阐明来区分儒与佛道,从而确立起儒学的独尊地位。他主张大力扶树名教,提倡忠君孝亲的孔孟之道,以继承道统、恢复古道为己任,排斥"佛老",从而增强国家向心力,加强君主集权,削弱藩镇割据。韩愈举起复兴儒学的旗帜,号召尊孔孟、排异端,坚定排佛的立场,对儒者出入或皈依佛道十分不满:"老者曰孔子,吾师之弟子也。佛者曰孔子,吾师之弟子也。为孔子者习闻其说,乐其诞而自小也,亦曰吾师亦尝云尔。不惟举之其口,而又笔之于其书。"[③]另外,韩愈在《原性》中提出"性三品"说,初步建立了儒家自己的心性论。韩愈的"道统说"和"心性论"对后来的宋明理学产生了很大影响。

《论佛骨表》是韩愈的反佛名篇。元和十四年,唐宪宗遣中使至法门

---

① 《韩昌黎文集校注·原道》卷一,上海古籍出版社 2014 年版,第 20 页。
② 《韩昌黎文集校注·原道》卷一,上海古籍出版社 2014 年版,第 21 页。
③ 《韩昌黎文集校注·原道》卷一,上海古籍出版社 2014 年版,第 23 页。

寺迎佛骨至京师,入禁中三日,后由京城佛寺轮流供奉,由此全国掀起了信佛狂潮。时任刑部侍郎的韩愈,目睹君民疯狂的崇佛行为,老少奔波,弃其业次。他痛心疾首,本着护君爱国的赤诚之心,不顾个人安危,毅然上《论佛骨表》。韩愈辟佛,着眼处在佛教盛行给国家和社会带来的祸乱危害。佛教害政不浅,大肆建造寺舍宅第,耗费巨大的国家财力物力,国库收入锐减。百姓不事君父,寺刹成为匿逃之所,逃丁避税,游手好闲,生产遭到破坏,社会动荡不安,各种矛盾日趋激化。更有僧尼守戒不严而伤风败俗,僧人结交权贵,干预朝政之事。韩愈痛斥佛教之害,请求将佛骨投于水火,以断天下之疑,绝后代之惑。此表引得宪宗震怒,愈最终虽免于极刑,却被贬为潮州刑史。韩愈鲜明的辟佛立场,激烈直率的言辞,具有鲜明的政治意义和现实意义。

相较于韩愈坚决的排佛态度,柳宗元、刘禹锡则在立足儒学的基础上,积极吸收佛教思想,援佛入儒,统合儒释。柳宗元虽是一名坚定的儒家思想学者,对待各家学说却能兼容并蓄。对于佛教,他道:吾自幼好佛,求其道积三十年。然而,柳宗元并没有虔诚地信仰佛教或宣扬佛理,而是利用其某些优点以改造儒学之不足,以期达到佐世功效和济世安民的作用。他很欣赏佛教理论所具有的严密思辨和逻辑推理,肯定佛教的静心修行修为方式,继承了佛教的心性论思想。柳宗元站在统合儒释的角度,明确提出佛儒会通的主张,从教义上着眼,以佛教的慈悲博爱等教义来补充发展儒家学说。他认为佛道本于孝敬,禅宗教人,始以性善,终以性善,所以佛教并不与孔子异道。从心性修养上,柳宗元指出佛学讲生静性善,与儒学相合。人在斗夺贼杀中丧失了自己的本质,静乖淫流,莫克返于初,而佛教推离还源,谓人生而天性为静为善,并且通过修行的方式,使人回到静而善的最初面目,有类于儒家所讲复性,通过复性改变病世之逐逐和社会之种种丑恶。

与柳宗元一样,刘禹锡也不排佛,而在一定程度上肯定和利用佛教。刘禹锡对佛教的崇奉主要不在求拜仪式上,而是对其学理的服膺,自谓居官二十年,百虑而无一得,深感世间所谓道无非畏途,唯出世间法可尽心耳。他对佛禅有着独特的理解和领悟,对佛旨禅意有着深切的把握和洞彻。在儒佛关系上,刘禹锡主张儒佛互补,二者虽然是两种不同的学说,有不同的体系,但"成味也同德","致远也同功",二者皆可裨益于社会教化,有着同样的功用。他认为,佛教革盗心于冥昧之间,泯爱缘于死生之际,其注重性命之学,却可补儒学罕言性命之弱点。刘禹锡非常重视以儒补佛的重要性,例如自述他读《中庸》的一段经历:"曩予习《礼》之《中庸》,至'不勉而中,不思而得',惧然知圣人之德,学以至于无学。然而斯言也,犹示行者以室庐之奥耳,求其经术而布武,未易得也。晚读佛书,见大雄念物之普,级宝山而梯之,高揭慧火,巧熔恶见,广疏便门,旁束邪径。其所证入,如舟沿川,未始念于前而日远矣。夫何勉而思之邪?是余知突音窈奥于《中庸》,启键关余内典。会而归之,犹初心也。不知予者,消予困而后援佛,谓道有二焉。"①先前读《中庸》,很多思想精髓不易得,后在佛书的启发和印证下,融会贯通,方知《中庸》之奥妙。

李翱作为韩愈的学生,亦辟佛反佛,以尊崇和发展儒家道统为己任,有着鲜明的儒家立场。但他的复性说却是在佛老思想的影响和刺激下建立的,其援佛入儒倾向是很明显的。李翱虽然主张心性是传统儒家思想的本有之义,但在具体构建和阐说时,却融合借鉴了大量的佛教性理和修养方法,故而与佛教相通之处甚多。他立足于《中庸》的文本,把"天命之谓性"解释为"人生而静,天之性也,性者天之命也"。②又说:"方静之时,知心无思者,是斋戒也。知本无有思,动静皆离,寂然不动者,是至诚也。《中庸》曰:'诚则明矣。'"③强调无思无虑,动静皆离,寂然不动。这就是李翱所主张"去情复性"所做的主要工夫。李翱大量吸收佛教思想,并将其中一些理论融入"复性"说中,完善了儒家心性理论,实现了儒学的自我更新,开启了儒学自章句训诂向心性理学的转变。

总体而言,以韩愈、柳宗元、刘禹锡、李翱为代表的中晚唐儒学,与佛教关系呈现出既冲突又融合的特征。他们在态度上攘斥佛老,抵排异端,重树儒学权威。在与佛道理论的交涉中,他们上接思、孟,重视道统,发掘儒学新价值,建立儒学心性论。韩愈探求儒家之"道"的根本,提出"治心"与"有为"皆为儒家之道所涵具,仁存于内,义见乎行,倡导"内圣之学"与"外王之道"相结合,以此区别于佛老且反击之;柳宗元、刘禹锡一方面以

① 刘禹锡:《送僧二十四首·赠别君素上人》,《刘禹锡集》卷二十九,中华书局1990年版,第327页。
② 《李文公集·复性书上》卷二,上海古籍出版社1993年版,第9页。
③ 《李文公集·复性书上》卷二,上海古籍出版社1993年版,第8页。

儒学为宗,反对佛教,另一方面又深入佛理,积极援佛入儒,统合儒释,吸收佛教理论的精华;李翱融合借鉴了大量的佛教性理和修养方法,建立了一套儒家心性学说,进一步发展了道统论和性情论。中晚唐儒学的新发展,为传统儒学注入了新的生机与活力,其对儒学性礼的发掘和阐释,为宋明理学的崛起奠定了基础。此外,韩愈、李翱对《大学》《中庸》的推重,奠定了《大学》《中庸》与《论语》《孟子》作为"四书"在宋以后的地位。

唐代佛教对儒教的分判

佛教在传入中国后,必然与本土传统文化的价值体系产生冲突,并要面对各方质疑之声。佛教为了立足中国社会且传承下去,对于社会主流思想的儒学,采取尽量消除冲突的态度,宣扬和肯定自身与儒家皆有助于教化,并常利用儒家思想来为自己争辩,证成自身的价值。面对儒家的攻击,佛教总是采取回应、辩解、调和的态度,并不积极主动发起大型正面冲突。隋唐时期的佛教宗派努力在义理上抵抗儒家攻击的同时,又积极融摄儒道的思想精华,并通过判教将儒道思想纳入佛教之中,以充实教义,发展壮大自己。

天台宗智者大师是一位胸怀宽广的高僧大德,尊重且重视儒术,主动与中土居于主流意识形态的儒家相互融通。他曾道:"若周孔经籍,治法、礼法、兵法、医法、天文、八卦、五行、世间坟典,孝以治家,忠以治国,各亲其亲,各子其子,敬上爱下,仁义揖让,安于百姓,霸立社稷。若失此法,强者凌弱,天下焦遑,民不聊生,鸟不暇栖,兽不暇伏。若依此法,天下太平,牛马内向。当知此法乃是爱民治国而称为实。"①肯定儒家对国家、社会和家庭起着重要的实际作用,其忠孝等伦理思想为社会有序、家庭和睦提供了保障。儒家在维系人伦、保障社会安定、百姓安居乐业、巩固国家政权、安邦定国等社会功用方面,可以为三藏教中的人天教门所摄,是世间善法。智者大师还指出,儒家文化对佛家三学"戒""定""慧"的扶助作用:"如孔丘、姬旦,制君臣,定父子,故敬上爱下,世间大治,礼律节度,尊卑有序,此扶于戒也。乐以和心,移风易俗,此扶于定。先王至德要道,此扶于

---

① 智顗:《法华玄义》卷八上,《大正藏》第三十三册。

慧。元古混沌,未宜出世,边表根性,不感佛兴。我遣三圣,化彼真丹,礼义前开,大小乘经然后可信。"①

　　智者大师还常将儒佛的一些重要义理进行等同或比附,把儒家思想纳入了佛家教义,既肯定了儒学的传统价值,又宣扬了佛教的合理性。他在《修习止观坐禅法要》中谈到"善根发相"时说:"今略明善根发相有二种不同。一、外善根发相。所谓布施、持戒、孝顺父母、尊长、供养三宝,及诸听学等善根开发。此是外事。……二、内善根发相。所谓诸禅定法门善根开发。"②将儒家伦理中的孝顺父母、尊长等与佛家的布施、持戒、供养三宝等同位而语,皆归为善根的"外发相"。他又在《摩诃止观》中道:"若深识世法,即是佛法。何以故束于十善即是五戒,深知五常、五行义亦似五戒。仁慈矜养,不害于他,即不杀戒义让推廉,抽己惠彼,是不盗戒礼制规矩,结发成亲,即不邪淫戒智鉴明利,所为秉直,中当道理,即不饮酒戒信契实录,诚节不欺,是不妄语戒。周、孔立此五常为世间法药,救治人病。又五行似五戒不杀防木,不盗防金,不淫防水,不妄语防土,不饮酒防火。又五经似五戒,《礼》明搏节,此防饮酒;《乐》和心,防淫;《诗》风刺,防杀;《尚书》明义让,防盗;《易》测阴阳,防妄语。如是等世智之法,精通其极,无能逾,无能胜,咸令信伏而师导之。"③认为佛教的五戒与儒家的五常、五行、五经相似。

　　与天台智者一样,三论宗的吉藏和中晚唐宗密也把儒家看成人天教。除此之外,与韩愈等儒家学者站在不同的价值立场(华夷之辨)对佛教的外在功用进行批判和一味排斥不同,宗密的《原人论》则试图对儒道二教进行更深一层面的批判。在《原人论》里,宗密不是着眼于外在的化民易俗、惩恶劝善的层面来为自身辩护,而是直指儒道二教的理论核心,从哲学本体论的角度论证其理论基石的不可靠。从权和实两面来衡量,宗密认为:"二教唯权,佛兼权实。策万行惩恶劝善同归于治,则三教皆可遵行。推万法穷理尽性至于本源,则佛教方为决了。"④与儒道二教相比,佛教体用、权实皆备,尤其是其提供了真正的本源之思。万物皆有本源,人

① 《摩诃止观》卷六下,《大正藏》第四十六册。
② 《修习止观坐禅法要》第一卷,《大正藏》第四十六册。
③ 《摩诃止观》卷六上,《大正藏》第四十六册。
④ 宗密:《原人论》,《大正藏》第四十五册。

身为"三才中之最灵",更应知自身所从来,但儒、道二家近只知为父、祖"传体相续",远则只能推到"混沌一气,剖为阴阳之二,二生天地人三,三生万物,万物与人皆气为本"。① 以元气作为本源存在许多理论上的问题,宗密将批判的矛头直指儒(道)家宇宙论的这一核心预设。如果将本源规定为元气的话,虽然可以在形式上保证万物的统一性(以气为本)以及提供一种在时间演化层面发生学上的说明,但这是一种经验性的思维方式,它依照时间的先后顺序不断地向前追溯万物最先的源头,万物都是由这一源头逐渐演化而出。然而,单纯的时间在先之物在之后便已消逝,转化为他物,从而没能根本上区别于一般之物,本真意义上的本源则并非存在者。从字义上来看,本指树木根本,如《说文解字》曰:"木下曰本,从木,一在其下。徐锴曰:一,记其处也,本末朱皆同义。"源者"水本也","源泉混混,不舍昼夜"(《孟子·离娄下》)。本源是一股活生生的、自身持存的、始终作用着的力量,并非只是最初的源头。相对于存在者,本源拥有存在论上的优先性。在自然元气论的语境下,元气作为冥暗无知之源头自然而然地演化为阴阳之二以及万物之多。这样一种描述对于无知无觉的客观自然界十分适合,但是人作为世界的认知者和改造者却是一种"有知"的存在者,这种存在者的绝大多数活动都来自有知、有情、有意的自我选择,而不只是单纯的自然而然、无意识的过程。把元气发生论贯彻到人的领域的话,必然只能取消人自由决定的实在性。这样的话,整个世界呈现为没有理由、无法改变、与人本质上无关的单纯给定和无法料及的偶然遭遇(天命),人生存的意义和合理性将完全得不到说明。从存在论的角度而言,知与无知存在着不可跨越的鸿沟,如果本源为冥暗之元气的话,那么,与人的生存切身相关的"知"的这一面将无法解释。对人作为有知者这一事实的忽视,必然导致自然元气论只能是一种决定论,而把决定论贯彻到理论的终点的话就成了命定论。这样就不难理解,儒家的自然元气论与天命决定论总是一对双生子了。

在宗密看来,无论是天命决定论还是自然元气论,②都存在着所难以

---

① 《原人论》,《大正藏》第四十五册。

② 董群认为:"宗密把儒道对人的本原的看法归纳为四种:大道生成论、道法自然论、元气本体论、天命决定论。"(《融合的佛教——圭峰宗密的佛学思想研究》,宗教文化出版社 2000 年版,第 54 页)。其实,前三者只是同一理论的三个侧面而已,核心就是自然元气论。

解决的问题,前者以为:"贫富贵贱贤愚善恶吉凶祸福皆由天命",对此,宗密诘难道:"苟多少之分在天、天何不平乎。况有无行而贵、守行而贱、无德而富、有德而贫。逆吉义凶仁夭暴寿乃至有道者丧、无道者兴。既皆由天、天乃兴不道而丧道。何有福善益谦之赏、祸淫害盈之罚焉。"①天命决定论既无法解释现实社会存在的善恶分别的由来,更无法给予已存在的这种差别一种合理性的说明,而是只能推给非理性的"天"。既然人世间的种种差别乃至祸乱反逆皆由天定,儒家以为"圣人设教,责人不责天,罪物不罪命,是不当也。然则诗刺乱政,书赞王道,礼称安上,乐号移风,岂是奉上天之意、顺造化之心乎?"②后者认为:"人畜等类皆是虚无大道生成养育,谓道法自然生于元气。元气生天地,天地生万物。故愚智贵贱贫富苦乐,皆禀于天、由于时命。故死后却归天地,复其虚无。"③关于后者,宗密质疑道:

> 所言万物皆从虚无大道而生者,大道即是生死贤愚之本、吉凶祸福之基。基本既其常存,则祸乱凶愚不可除也、福庆贤善不可益也。何用老庄之教耶?又道育虎狼胎桀纣、夭颜冉祸夷齐,何名尊乎。又言万物皆是自然生化非因缘者,则一切无因缘处悉应生化。谓石应生草,草或生人,人生畜等。又应生无前后,起无早晚,神仙不借丹药,太平不借贤良,仁义不借教习,老庄周孔何用立教为轨则乎?④

可见,自然元气论作为一种决定论贯彻到人的领域必然导致命定论,这虽然不是来自至高存在者的随意决定(如柳宗元所批判的"阴骘说"),而是一种从无意识的、冥暗的、完全偶然的元气生化而来的命定。生死贤愚、吉凶祸福皆由元气自然而生,完全不借人为,那么儒家所主张的教化又有什么意义呢?儒家圣贤所树立的价值典范又有何尊贵之处呢?此外,在元气自然论里完全没有决定生化秩序和规定存在者本身的"理"或者原则,不论这是一种佛家所言的因缘之理还是后来宋明理学所说的天

---

① 《原人论》,《大正藏》第四十五册。
② 《原人论》,《大正藏》第四十五册。
③ 《原人论》,《大正藏》第四十五册。
④ 《原人论》,《大正藏》第四十五册。

理，由此，物缺乏自身保持的同一性，物和物之间或者呈现为秩序和条理完全崩坏的随意演化（如石应生草，草或生人），或者呈现为非理性的、神秘的阴鸷关系，而这与儒家所主张的伦常教化和道德修养完全矛盾。在宗密看来，所有的问题集中于一点："未能原人"。自然元气论将本源错思为冥暗而无规定之元气，与此相应，人的自身理解也没有切中生存的实情。

公允而论，宗密的批判虽然是站在佛家立场，但是却不是随意的外在批判。汉唐传统儒学在形而上学方面确实存在不足，这一点，从李翱开始，直到宋明理学才真正得以克服。到了宋明时期，佛学理论优势与精华被吸纳于宋明儒学中，同时佛教也更多地靠近儒家思想，儒家的忠道孝道与仁义礼智信，均被佛教所吸纳，"三教合一"的呼声也逐渐开始流行，儒释道三家构成了中国文化中有机的整体。

唐代儒学论"天人关系"

自古以来，天人关系就是儒学所关注的理论焦点，先秦儒家里，孔子的思想浑然一体，蕴含了各种可能，到了孟子和荀子，孔子那里所可能蕴含的理论彻底展开和分化为了两种基本模型：一，先验的"性善论"以及以天命下贯为性为核心的天人合一论；二，"明于天人相分"，将天还原为外在自然的天人相分论。前者以孟子为代表，这种理论模型在先秦之后无人继承，直到中唐时期的韩愈、李翱才重新发明斯道，并在宋明理学里得其进一步发扬；而对于后者，先秦之后不乏拥护者，如汉代的王充等。此外，由于中唐以前前一理论于历史和思想舞台上的实际缺席，以及董仲舒杂糅阴阳家、道家之言所建构的"天人感应"学说成为官方的统治思想，后一理论往往扮演了一种批判性的角色，而其矛头也直指"天人感应"理论。隋唐以来，"天人感应"学说在理论上越来越不令人信服。我们看到，在古代思想史的论争中，由于这一学说理论上的粗糙，以严密的因明逻辑为方法论的佛教为了论证自身理论的合理和可信很容易就能在其中找到批判的切入点。华严宗的圭峰宗密禅师就撰写了《原人论》对儒家的"天人感应"理论以及与之相关的人性论进行了大力的批判。例如：儒家天命论认为祸乱皆出于天，因而圣人责人不责天。对此，宗密质疑道："然则《诗》刺乱政,《书》赞王道,《礼》称安上,《乐》号移风,岂是奉上天之意,顺造化之心乎？是知专此教者,未能原人。"①可见,这种粗糙的理论内部的矛盾和不足很容易就被有识之士一眼看破。可见,自然元气论意味着另一种形式的决定论,虽然不是由神秘之至高存在者随意决定,而是一种无意识的、冥暗的、完全偶然的命定论,但如此一来,生死贤愚、吉凶祸福完全不借人为,儒家所主张的教化又有什么意义呢？所以,在宗密看来,所有的问题都在于一点:"未能原人"。

除了佛教人士的批判,无论是在现实的政治还是对于社会的教化上,天人感应论也一再遭到统治者内部以及儒家的有识之士的质疑。唐太宗虽然借助谶纬祥瑞说登基,然而执政之后,他也逐渐看到了祥瑞说的荒谬以及对社会风气的破坏,贞观二年,太宗颁布《禁奏祥瑞诏》,其曰:

> 昔自帝王受天明命,其有二仪感德,百灵效祉,莫不君臣动色,歌颂相趋。朕恭膺大宝,情深夕惕,每见表奏符瑞,惭恧增怀。且安危在乎人事,吉凶系于政术。若时主肆虐,嘉贶未能成其美;如治道休明,咎徵不能致其恶。以此而言,未为可请。自今已后,麟凤龟龙大瑞之类,依旧表奏。自外诸瑞应奏者,惟显在物色目及出见处,更不得苟陈虚饰,徒事浮词。②

太宗以后的许多唐代帝王都有颁发诏书,旗帜鲜明地摒弃祥瑞说的举动(当然也有一些帝王痴迷祥瑞,如唐德宗和唐顺宗)。如大历三年,唐代宗颁发《禁天文图谶诏》,唐宪宗即位数日就颁发了《禁奏祥瑞及进奇禽异兽诏》等。

这一对祥瑞论的质疑也贯穿于唐朝的修史活动中,魏徵于《隋书·王劭传》中史官论道:"王劭爱自幼童,迄乎白首,好学不倦,究极群书。搢绅洽闻之士,无不推其博物。雅好著述,久在史官,既撰《齐书》,兼修隋典。好诡怪之说,尚委巷之谈,文词鄙秽,体统繁杂。直愧南、董,才无迁、固,徒烦翰墨,不足观采。袁充少在江左,初以警悟见称,委质隋朝,更以玄象

---

① 《原人论》,《大正藏》第四十五册。
② 《太宗皇帝·禁奏祥瑞诏》,《全唐文》卷四,中华书局1983年版,第57页。

自命。并要求时幸，干进务入。劫经营符瑞，杂以妖讹，充变动星占，谬增晷影。厚诬天道，乱常侮众，刑兹勿舍，其在斯乎！"①可见，作为唐初名臣和学者，魏徵只在一定程度上肯定符瑞说对帝王的警悟作用，但总体上对此持以否定态度，认为此说乃诡怪之说，厚诬天道，乱常侮众。

除此之外，一部分儒家学者也不断地批判天命论，否定其理论上的合理性和对现实政治生活的指导作用。儒家学者吕才不仅精通风水术数、禄命之学，更从理论内部反对禄命之说，他写作了《叙宅经》《叙葬书》以及《叙禄命》等著作对之进行大力批判，并举了历史上的诸多实例来证明"禄命不验"。初唐史学家刘知几在《史通·书志》里也谈到，论成败者，固当以人事为主，必推命而言，则其理悖。历史成败并非龟卜所能预测，如果一定要以龟卜来决定历史之实事，那么就显得荒谬悖理了。虽然有龟卜应验之事载于史书，仿佛龟卜之说获得了历史的证明，从而能取信于人。但是，大部分情况下，这些无非是一种游词虚说，在刘知几看来，龟卜不过是对已发生之事的一种"追证"和附会罢了。因此，刘知几以这种玄虚的说法为鉴，提倡"知之为知之，不知为不知"的求实史学观。

除了对其社会效验和理论上的有效性进行单纯的批判和质疑，在儒家内部也出现了一些重要的理论家，试图从哲学理论的基础层面来解决"天人关系问题"，彻底终结"天命论"并对抗佛道二教。我们看到，在中唐的思想境域里，出现了四位出色的思想家：柳宗元、刘禹锡以及韩愈和李翱。前两者将"天命论"中超越的、神秘的主宰之天还原为客观的自然，从而为人类的主体性赢得了独立运作的空间。后两者则直契失传数百年的孟子天命下贯为人性的思想，从而在一个更深的层面建立了区别于外在感应的内在的"天人合一论"。

在《天论》里，刘禹锡提到："世之言天者二道焉。拘于昭昭者，则曰：'天与人实影响：祸必以罪降，福必以善徕，穷厄而呼必可闻，隐痛而祈必可答，如有物的然以宰者。'故阴骘之说胜焉。泥于冥冥者，则曰：'天与人实刺异：霆震于畜木，未尝在罪；春滋乎堇荼，未尝择善；跖、跻焉而遂，孔、颜焉而厄，是茫乎无有宰者。'故自然之说胜焉。"②当时关于天人关系流

---

① 《隋书·王劭传》卷六十九，中华书局 1973 年版，第 1613 页。
② 《刘禹锡集·天论上》卷五，中华书局 1990 年版，第 67 页。

行两种说法,一种是祸必降罪,福必徕善的阴骘说,另一种是天与人完全无关、人之遭遇乃天之自然的自然之说。刘禹锡以为二者皆存在片面性,在他看来,天与人不存在阴骘关系,也不是完全的无关。这两种学说的背后都隐藏着将天神秘化的倾向,即或者以天为有灵明的主宰者,或者以天为芒乎无宰,本质上与人完全无关而只有偶然关系的事物。二者皆建立在对天的错误认识之上,因此,刘禹锡的天论首先就需要明确天之为天:

> 大凡入形器者,皆有能有不能。天,有形之大者也;人,动物之尤者也。天之能,人固不能也;人之能,天亦有所不能也。故余曰:天与人交相胜耳。其说曰:天之道在生植,其用在强弱;人之道在法制,其用在是非。阳而阜生,阴而肃杀;水火伤物,木坚金利;壮而武健,老而耗眊,气雄相君,力雄相长:天之能也。阳而艺树,阴而擎敛;防害用濡,禁焚用光;斩材窾坚,液矿硎铓;义制强讦,礼分长幼;右贤尚功,建极闲邪:人之能也。①

天不是有灵明的主宰者,而是有形之大者。天与万物一样,皆是形器之物,皆是某种有限的存在者。因此,天有能有不能。刘禹锡把天规定为"形器",从而将无所不在的道区分开来。此外,既然天为形器之物,那么天与人不可能存在神秘莫测的阴骘关系。进一步来看,人不是一般之物,而是"动物之尤者"。人之能,天亦有所不能。"天之道在生植,其用在强弱;人之道在法制,其用在是非。"天之道与人之道不同,其各有所用,各有其胜过对方的能力,因此,天人关系最恰当的描述是:"天与人交相胜耳"。这里的"胜"不是战胜的意思,而是胜过的意思。因此,刘禹锡"天人交相胜"的理论不能理解为鼓励人们戕天役物的理论。区分天之能和人之能正是因为认识到了天之独特的作用:生殖万物,而人之能则体现在合理地利用自然规律的基础上对天所生之物的制作或者治理之上。天、人、物之间拥有各自独特的能力,而"万物之所以为无穷者,交相胜而已矣,还交相用而已矣"。

刘禹锡进一步提出了"人诚务胜乎天"的说法:"然则天非务胜乎人者

---

① 《刘禹锡集·天论上》卷五,中华书局1990年版,第67页。

也。何哉？人不幸则归乎天也，人诚务胜乎天者也。何哉？天无私，故人可务乎胜也。"①也就是说，天没有胜人之意，人则有情、有意，有着宰制天的欲望和需求。从人所具有的能力上来看，人乃"倮虫之长，为智最大，能执人理，与天交胜，用天之利，立人之纪"②。人之智慧使得其可以执人理，利用自然资源，从而实施人纪之建设。此外，人能胜于天还在于其不只是像动物那样自然的存在者，人还具有是非、礼法等社会属性，"人能胜乎天者，法也"。从作为客观自然界的天来看，"夫物之合并，必有数存乎其间焉。数存，然后势形乎其间焉"③。自然界存在着确定的规律即"数"，作为自然规律的数必然带有客观的必然性，即"势"。对此，刘禹锡以天为例："天形恒圆而色恒青，周回可以度得，昼夜可以表候，非数之存乎？恒高而不卑，恒动而不已，非势之乘乎？"万物皆有"理""数""势"，人可以依据这样的规律来宰制自然之天。

刘禹锡进一步分析了人们迷信上天赏罚法的思想来源，在他看来，这是由于"人道不明"产生的。"生乎治者人道明，咸知其所自，故德与怨不归乎天。生乎乱者人道昧，不可知，故由人者举归乎天。"至于社会中之所以有迷信产生，则是由于人们"理昧"。刘禹锡以行舟为例进行了精彩的分析：

> 夫舟行乎潍、淄、伊、洛者，疾徐存乎人，次舍存乎人。风之怒号，不能鼓为涛也；流之溯洄，不能峭为魁也。适有迅而安，亦人也；适有覆而胶，亦人也。舟中之人未尝有言天者，何哉？理明故也。彼行乎江、河、淮、海者，疾徐不可得而知也，次舍不可得而必也。鸣条之风，可以沃日；车盖之云，可以见怪。恬然济，亦天也；黯然沉，亦天也。阽危而仅存，亦天也。舟中之人未尝有言人者，何哉？理昧故也。④

也就是说，当人们对自然或天之理数了然于心的时候，那么就不会迷信于天，相反，当人们不能掌握天理的话，就会产生恐惧，从而导致迷信。

---

① 《刘禹锡集·天论中》卷五，中华书局1990年版，第72页。
② 《刘禹锡集·天论下》卷五，中华书局1990年版，第68页。
③ 《刘禹锡集·天论中》卷五，中华书局1990年版，第71页。
④ 《刘禹锡集·天论中》卷五，中华书局1990年版，第70页。

总之,刘禹锡的"天人交相胜"说目的是明天人之分,确定人与天在天人关系中各自的真正角色,从而达到以人宰天的目的。

依照柳宗元所述,他写作《天说》一文是为了辩驳韩愈所提出的"残民者昌,佑民者殃"的"天人相仇"论,当然,柳宗元和刘禹锡都以同情的态度来理解韩愈的这一耸人耳目观点,认为其乃是"有激而为"。此外,从柳宗元的视角来看,韩愈此说可以说是"天人感应"思想里的一种极端的变种,因为天人相仇的观点要想成立,必须预设天人之间的某种关系联结,即使这种联结是一种否定性的相仇关系。如果要从根本上来反驳类似的论点,必须明确对天和人各自角色的理解,柳宗元谈道:"彼上而玄者,世谓之天;下而黄者,世谓之地;浑然而中处者,世谓之元气;寒而暑者,世谓之阴阳。是虽大,无异果蓏、痈痔、草木也。假而有能去其攻穴者,是物也,其能有报乎?繁而息之者,其能有怒乎?天地,大果蓏也;元气,大痈痔也;阴阳,大草木也,其乌能赏功而罚祸乎?功者自功,祸者自祸,欲望其赏罚者大谬;呼而怒,欲望其哀且仁者,愈大谬矣。子而信子之仁义以游其内,生而死尔,乌置存亡得丧于果蓏、痈痔、草木邪?"[①]

上玄为天,下黄为地,浑然居中者则为元气。无论是天地还是元气,就其本质上来说与物无异,只不过在量上远远超过一般的物罢了,故而:地,大果蓏;元气,大痈痔;阴阳,大草木。作为物性而非灵性的存在,天地元气在柳宗元看来并不能主宰人之功祸,因而,无论是天人感应还是天人相仇,都是说不通的。这样的思想在柳宗元的文集里并不鲜见,他在一篇反驳《国语》中伯阳父因为西周三川震而认为周亡的文章里谈道:"山川者,特天地之物也。阴与阳者,气而游乎其间者也。自动自休,自峙自流,是恶乎与我谋?自斗自竭,自崩自缺,是恶乎为我设?"[②]山川乃天地之一物,并非为人所造之物,其自动自休,自峙自流,自斗自竭,自崩自缺,拥有自身独立的存在。山川的变化乃是其自身阴阳二气的变化,是出于自身的自然而然的活动。柳宗元继承了中国传统的"自然"论思想,在《答刘禹锡天论书》一文中,柳宗元的这一思想体现的淋漓尽致:

---

① 柳宗元:《柳宗元集·天说》卷十六,中华书局 1979 年版,第 442—443 页。
② 《柳宗元集·非国语上·三川震》卷四十四,中华书局 1979 年版,第 1269 页。

子之所以为异者,岂不以赞天之能生植也欤?夫天之能生植久矣,不待赞而显。且子以天之生植也,为天耶?为人耶?抑自生而植乎?若以为为人,则吾愈不识也。若果以为自生而植,则彼自生而植耳,何以异夫果蓏之自为果蓏,痈痔之自为痈痔,草木之自为草木耶?是非为虫谋明矣,犹天之不谋乎人也。①

刘禹锡认为:"天,有形之大者也;人,动物之尤者也。天之能,人固不能也;人之能,天亦有所不能也。故余曰:天与人交相胜耳。"②天之能在生植,人之能在法制和是非。天人各有所长,可以相互为用。虽然柳宗元认为刘禹锡天论所言根本上来说与其"无异道焉",但是出于严格的"自身性"视角,柳宗元进一步提出了"天人不相预"的理论:"生植与灾荒,皆天也;法制与悖乱,皆人也,二之而已。其事各行不相预,而凶丰理乱出焉。"③也就是说,天与人各有其自己的领域,二之而不相预。对于刘禹锡所说的天人交相胜说,柳宗元不能不有所质疑:"彼不我谋,而我何为务胜之耶?"果蓏自为果蓏,痈痔自为痈痔,草木自为草木,每一个存在者都不是为了他者而存在,而是彻彻底底地为了自身的存在。天之生植是自生而植,而不是为了人,天不谋乎人就像是草木不谋乎虫。对于柳宗元来说,刘禹锡"天人交相胜还相用"的观点还存在着理论漏洞,因为只有从对他关系的角度把天与人纳入一个相互关联的领域,天人交相胜的学说才可能成立。天人交相胜还相用表明天与人之间有着相预的关系,这样就不能保证"天"和"人"之"自"或"自身性"。

虽然刘禹锡也反对天人之间神秘的"阴骘"关系,而柳宗元也同样不能否认天人之间存在一定的相互作用,但对于天人关系来说,"天"或者"人"的自身性永远是第一位的,对他关系是第二位的,所以在存在论上,"天人不相预"的命题要优先于"天人交相胜还相用"。可以说,柳宗元将自然论的思想彻底推进到极致。正因为柳宗元彻底的自然论立场,虽然柳宗元认为刘禹锡天论所言根本上来说与其"无异道焉",而刘禹锡"天人交相胜还相用"的要点是"非天预乎人也",因而,刘禹锡之论"乃吾《天说》

① 《柳宗元集·答刘禹锡天论书》卷三十一,中华书局1979年版,第816页。
② 《刘禹锡集·天论上》卷五,中华书局1990年版,第67页。
③ 《柳宗元集·答刘禹锡天论书》卷三十一,中华书局1979年版,第817页。

传疏耳,无异道焉"。究其实情,柳宗元这里的批判并不能看作是针对刘禹锡本身的理论而言,因为刘禹锡也一样反对天人之间神秘的"阴骘"关系,而柳宗元也同样不能否认天人之间存在的客观的相互影响,因而,这只表明了柳宗元彻底自然论的立场,而不是说刘禹锡重新堕入了"天人感应"论的窠臼。

柳宗元以自然论天的理论背景乃是"元气论",天人关系是柳宗元思考的终点,他还专门写作了答复性的论文《天对》来专门回答屈原《天问》里的一系列关于天地、自然、历史的大问题。柳宗元不仅否定了古人关于天地形成以前的种种恍惚无凭的描述,还进一步地描述了自己的天地图景:"曶黑晣眇,往来屯屯,庬昧革化,惟元气存,而何为焉!""合焉者三,一以统同。吁炎吹冷,交错而功。""无营以成,沓阳而九。转輠浑沦,蒙以圜号。""冥凝玄厘,无功无作。"①天地间昼夜交替,万物从蒙昧而革新,这一切的变化都是"元气"所为。元气分化为阴、阳二气,阴阳同时还受到"元气"的支配。无论是炎热还是寒冷都是由于元气的缘故。天地并非谁专门营为,阳气积聚则为天。由于阳气如车轮一般浑沦运动,人才称天为"圜"。这一切都不是由一个创造者有功有作地创造出来的,而是彻彻底底、自然而然的元气自身的变化。需要注意的是,柳宗元的元气自然论不应当看作是宇宙演化论,因为单纯的宇宙演化论描述的是一个以时间为轴的时间序列上的连续变化,而对于柳宗元来说:元气虽然分为阴阳二气,但是元气并没有因为分为阴阳而失去其存在,"合焉者三,一以统同",阴阳始终为元气所统,这种关系应当说是一种"体用论"关系,元气为体并进一步贯彻到阴阳二用当中。可以说,柳宗元的元气论是后来宋明理学里张载气论思想的先发。

柳宗元以自然论天是为了给人事留出自身的空间,为此,他还进一步区分了天事与人事两个领域。"生植与灾荒,皆天也;法制与悖乱,皆人也,二之而已。"柳宗元谈道:

旱乎、水乎、虫蝗乎、疠疫乎,岂人之为耶?故其疝在神。暴乎、

①《柳宗元集·天对》卷十四,中华书局1979年版,第365—366页。

眊乎、沓贪乎、罢弱乎，非神为之也，故其罚在人。[①]

旱、水、虫蝗、疠疫乃是天事，而残暴、贪婪、罢弱则是人事。二者不存在相互影响，因而不能混淆。天人之间这种各自领域和功能的明确划分导向了在政治、文化和社会领域里"功者自功，祸者自祸"的论点。人事之成败应当完全归因于自身，而不是寄希望于冥冥之中的天意。同样，统治者并非受命于天，民心、民意才是最根本的，"是故受命不于天，于其人；休符不于祥，于其仁。惟人之仁，匪祥于天"，这样一来，柳宗元彻底否定了"君权神授"。既然受命于其仁，休符于其仁，那么为政之要以民为本。正是认识到人的领域也是一个自然而然的过程，柳宗元区别了"利民"和"民自利"。前者有为而后者无为，利民难免扰民，因为，利民是执政者为了自身的政治利益而实行的利民举措，即使在客观上有利于人民，但其目标最终指向的是自己。而民自利则代表统治者的行政目标并不指向自己，而是引导民自指，从而可以使人民安常得欲："安其常而得所欲，服其教而便于己，百货通行而不知所自来，老幼亲戚相保而无德之者，不苦兵刑，不疾赋力。所谓民利，民自利是也。"[②]可以说，对于柳宗元来说，无论是天还是人都是一个"自然而然"的过程，双方存在一定的联系，但没有决定彼此的关系，完全是自己决定自己，这是对老子"自然"论的彻底贯彻。柳宗元的"天人不相预"论批判了自董仲舒而滥觞的"天人感应论"，将自然之天的作用驱逐出人文世界的领域，从而摆脱了迷信、神学对儒家人文建构的主宰，重新印证了荀子"明于天人之分"的思想，发扬了人相对于自然之天的独立性和主体性。

对于柳宗元，天与人皆是自然而然的存在，与此相应，柳宗元的人性论就不是孟子式的"性善论"，而是一种"性朴论"了。

惟人之初，总总而生，林林而群。雪霜风雨雷雹暴其外，于是乃知架巢空穴，挽草木，取皮革；饥渴牝牡之欲驱其内，于是乃知噬禽兽，咀果谷，合偶而居。交焉而争，睽焉而斗。力大者搏，齿利者啮，

---

① 《柳宗元集·褅说》卷十六，中华书局1979年版，第458页。
② 《柳宗元集·晋问》卷十五，中华书局1979年版，第425页。

爪刚者决,群众者轧,兵良者杀。披披藉藉,草野涂血。然后强有力者出而治之。①

人生之初皆有饥渴牝牡之欲,外部环境又有雪霜风雨,内外交逼,为了生存,开始合偶而居,交焉而争,睽焉而斗。即由单独个体聚集为众、为群,"故近者聚而为群。群之分,其争必大,大而后有兵有德"。柳宗元认为,这是人类文明和社会自然而然的发展过程。显然,柳宗元对于人性的看法十分接近荀子,依照荀子:"性者,本始材朴也;伪者,文理隆盛也。无性则伪之无所加,无伪则性不能自美。"(《荀子·礼论》)这种材朴,对于柳宗元来说就是一种为了生存而生存的欲望,而这也是人类社会以后进展的动力。而正因为人性质朴,人性拥有向善或向恶发展的可能,对于柳宗元来说,社会才有"仁义"和"礼法"教化的需要。尧、舜、禹成圣是因为自身遵从仁义道德,因而成圣,而桀纣则恰好相反。以性朴论为基础,柳宗元进一步提出了"圣人与我无异"的观点:

> 然则自尧、舜以下,与子果异类耶?乐放弛而愁检局,虽圣人与子同。圣人能求诸中以厉乎己,久则安乐之矣,子则肆之。其所以异乎圣者,在是决也。若果以圣与我异类,则自尧、舜以下,皆宜纵目印鼻,四手八足,鳞毛羽鬣,飞走变化,然后乃可。苟不为是,则亦人耳,而子举将外之耶?若然者,圣自圣,贤自贤,众人自众人,咸任其意,又何以作言语、生道理,千百年天下传道之?是皆无益于世,独遗好事者藻缋文字,以矜世取誉,圣人不足重也。②

柳宗元首先批判了神化圣人的观点。神化圣人只能是造成圣人与我等非同类,进而断绝了一般之人希圣希贤的上进之心。柳宗元认为:圣人与民同具各种欲望,只不过圣人有"决"。在这一点上,圣人可以超脱出欲望成就自我。表面上看,这里似乎存在一个问题,即:既然人性质朴,本始之时具有各种欲望,那么仁义、礼法皆成了"伪",这样的话道德修养岂不

---

① 《柳宗元集·贞符》卷一,中华书局 1979 年版,第 31 页。
② 《柳宗元集·与杨诲之第二书》卷三十三,中华书局 1979 年版,第 851—852 页。

成了不自然的过程？其实,对于柳宗元来说,人性之材质不仅仅是欲望,还有刚健之志,纯粹之明。圣人与常人无异,圣人的自我圆成或者理想人格的实现关键就在于"明"和"志"的结合,明和志乃天爵:

> 仁义忠信,先儒名以为天爵,未之尽也。夫天之贵斯人也,则付刚健纯粹于其躬,倬为至灵,大者圣神,其次贤能,所谓贵也。刚健之气,钟于人也为志,得之者,运行而可大,悠久而不息,拳拳于得善,孜孜于嗜学,则志者其一端耳。纯粹之气,注于人也为明,得之者,爽达而先觉,鉴照而无隐,眈眈于独见,渊渊于默识,则明者又其一端耳。明离为天之用,恒久为天之道,举斯二者,人伦之要尽是焉。故善言天爵者,不必在道德忠信,明与志而已矣。道德之于人,犹阴阳之于天也;仁义忠信,犹春秋冬夏也。举明离之用,运恒久之道,所以成四时而行阴阳也。宣无隐之明,著不息之志,所以备四美而富道德也。故人有好学不倦而迷其道、挠其志者,明之不至耳;有照物无遗而荡其性、脱其守者,志之不至耳。明以鉴之,志以取之,役用其道德之本,舒布其五常之质,充之而弥六合,播之而奋百代,圣贤之事也。①

人虽与动物一样同具各种欲望,此乃本始之材,但天②之贵斯人也,同时也赋予人刚健、纯粹之气。人得刚健之气为志,得纯粹之气为明。明和志比起仁义忠信这样具体的德目还要根本。成圣成贤关键就在于对本始之明和志的发挥和运用。"道德与五常,存乎人者也。克明而有恒,受于天者也。呜呼! 后之学者,尽力于所及焉。"可以看出,柳宗元这里并不持"道德法则外在论",道德与五常皆存乎人,乃是人之本始之材,但由于本始之材也具有欲望和感性,柳宗元依然强调在道德修养实践中自身努力的重要性,学者要尽力发挥本身的明与志。

总之,在柳宗元"天人不相预"的理论里,天被剥夺了传统"天人感应"学说里的神学外衣,被还原为纯粹的自然,人与天只有量上的不同,在存

---

① 《柳宗元集·天爵论》卷三,中华书局 1979 年版,第 80 页。
② 需要注意的是,这里所言的赋人刚健纯粹之气的天不代表"天人感应"理论里外在的、神学式的主宰之天。柳宗元提到,这里的天指的是作为自然的自身,而非外在的苍苍之天,"庄周言天曰自然,吾取之"(《天爵论》)。

在位阶上并无高低之分。外在之天以及人都是作为"自身"而自然而然的存在。与此同时,柳宗元的人性理论也不是孟子或者韩愈、李翱那样的先验的"性善论",而是荀子式的"性朴论"。不过,柳宗元并没有忽视道德的来源性问题,他把儒家之五常奠基在了人性本始之材里。这种天人关系模型和人性论与韩愈、李翱以及绝大多数宋明理学家都不同,而是一种以道家"自然论"为基础,以儒家道德为指归的性朴论。不过,以李翱或者宋明理学家的视角来看,柳宗元的性朴论没能区分人性中善与恶的位阶。倘若,人性中善与恶或者道德理性与个人私欲一样本源的话,那么,儒家所推崇的道德修养就不再具有无条件的、普适的合理性,因为,总是存在一部分人,其人性中欲望占据主角地位,对于这部分人,外在的道德修养就成了不自然的过程。如此一来,柳宗元所坚持的圣人与民无异的论点就不能成立了。所以,性朴论和自然论不可能成为中唐学者们关于人性以及天人关系思考的理论终点,这个问题的初步解决还是要经过韩愈并在李翱的《复性书》那里而完成。

韩愈的性情观十分复杂,在《原性》篇里,韩愈对性、情做了基本的界定。性与生俱生,包含了"仁义礼智信"五种德行,所谓"五常"。如《原性》中谈道:"性也者,与生俱生也;情也者,接于物而生也。"性的特征是"与生俱生",是人生下来就有的东西;情的特征是"接于物而生",是存在者(人)与外界之物相接触时所产生出来的东西。性的本质内容是仁、义、礼、智、信;情的本质内容则是喜、怒、哀、惧、爱、恶、欲七种感情。仁、义、礼、智、信五种道德,只能是善,这里分别不出上、中、下三品。而喜、怒、哀、惧、爱、恶、欲七种情,其本身又并非道德的标准,如果"发而中节",方是善。太过或者不及,则是恶。可以说,情的善恶标准,决定于性。然而,韩愈在《原性》篇中还提出了"性三品"的说法:"性之品有上中下三。上焉者,善焉而已矣;中焉者,可导而上下也;下焉者,恶焉而已矣。其所以为性者五:曰仁、曰礼、曰信、曰义、曰智。上焉者之于五也,主于一而行于四;中焉者之于五也,一不少有焉,则少反焉,其于四也混;下焉者之于五也,反于一而悖于四。"①也就是说,在韩愈看来,虽然人性皆以五常为其内容,但五常之性不是在每个人身上皆圆满具足。中品或下品之人甚至会有所

---

① 《韩昌黎文集校注·原性》卷一,上海古籍出版社1986年版,第22—23页。

欠缺或是悖反。① 然而，这种说法与性的定义（性为先天，其内容为五常）却是相违背的，因为，既然以五常论性，则性纯善无恶，又哪里会有品级之分？如果说性有所欠缺或是悖反，那么意味着五常之性有所混杂或是出现了自我否定、自我悖反，这是难以理解的，但韩愈却对之十分自信，还在其与李翱合著的《论语笔解》里利用性有品级的观点对论语里关于性与天道的著名段落作了独特的诠释：

> 子贡曰："夫子之文章可得而闻也，夫子之言性与天道不可得而闻也。"
>
> 孔安国注："性者，人所受以生也；天道者，元亨日新之道深微，故不可得而闻也。"
>
> 韩曰："孔说粗矣，非其精盘。吾谓性与天道一义也，若解二义，则人受以生，何者不可得闻乎哉？"②

《论语笔解》并非伪作，而是韩愈、李翱二人合著。"始愈笔大义则示翱，翱从而交相明辨，非独韩制此书也。"（《论语笔解·许勃序》）③《原性篇》写作时间虽至今未能定谳，但有学者考证，④《五原》的写作时间当在韩愈就任为四门博士期间，即贞元十七年秋冬至贞元十九年秋冬，可以确定的是，李翱《复性书》写作于贞元十八年。而韩愈在《答侯生问〈论语〉书》中云："愈昔注解其书，而不敢过求其意；取圣人之旨而合之，则足以信后生辈耳。"⑤韩愈注解《论语》，有《论语注》和《论语笔解》，前书已经散佚，后书独存。《论语笔解》很可能也是韩愈任四门博士期间的讲稿。可

---

① 以此视角，韩愈在《原性》篇里还批评了以往孟子的"性善论"，荀子"性恶论"以及扬雄"人之性善恶混"的观点，他自认为其"性三品"论综合并超越了三家之言。"三子之言性也，举其中而遗其上下者也，得其一而失其二者也。曰：然则性之上下者，其终不可移乎？曰：上之性，就学而易明；下之性，畏威而寡罪。是故上者可教，而下者可制也。其品则孔子谓不移也。"

② 《论语笔解》，中华书局 1991 年版，第 6 页。

③ 唐明贵：《论韩愈、李翱之〈论语笔解〉》，《孔子研究》2015 年第 6 期。

④ 莫琼：《韩愈〈原道〉篇写作时间新证》，《孔子研究》2016 年第 4 期。

⑤ 《韩昌黎文集校注·答侯生问〈论语〉书》，上海古籍出版社 2014 年版，第 810 页。

见,虽然有可能存在李翱的影响,①但在韩愈这里也已经有了性与天道合一的思想。不过,虽然性与天道合一,但这对于韩愈来说并不能导向性三品之说的失败,反而是对其的一大证明。因为,在韩愈看来,性与天道合一,那么只有上品之性才能闻道,下品之性自然无法闻道。正因为性有三品,而性又与天道合一,所以天道之闻否取决于人性的品级,自然非任何人所能闻。但是,在性与天道合一以及性之内容为五常的理论背景下,现实的人性品级之分还是难以解释。本质上来看,对人性之思考以及对人性中道德能力的追问必然也要回答人性中恶之起源的问题。韩愈把恶奠基于与天道合一的性之上的做法是存在问题的,这是韩愈思想中的一个矛盾。在《论语笔解》里有另外一则材料:

> 子曰:"性相近也,习相远也。"子曰:"惟上智与下愚不移。"
>
> 韩曰:"上文云性相近,是人可以习而上下也。此文云上下不移,是人不可习而迁也。二义相反,先儒莫究其义。吾谓上篇云:生而知之上也,学而知之次也,困而学之又其次也,困而不学,民斯为下矣。与此篇二义兼明焉。"
>
> 李曰:"穷理尽性以至于命,此性命之说极矣,学者罕明其归。今二义相戾,当以易理明之:乾道变化,各正性命'。又'利贞者,情性也',又'一阴一阳之谓道,继之者善也,成之者性也',谓人性本相近于静,及其动感外物,有正有邪,动而正,则为上智,动而邪,则为下愚。寂然不动,则情性两忘矣"
>
> 韩曰:"如子之说,文虽相反,义不相戾。诚知'乾道变化,各正性命','坤道顺乎承天,不习无不利',至哉,果天地之心其邃矣乎!"②

从这则材料,我们看到,韩愈最终认同了李翱性善情有不善的观点。恶之来源只能在情之处寻找,而性乃纯粹的先天之善。因此,我们可以

---

① 陈弱水认为,《复性书》成书很可能早于《原性》篇,可参见陈弱水的《唐代文士与中国思想的转型》,广西师范大学出版社 2009 版,第 324 页。大陆学者多持冯友兰先生观点,认为韩愈对李翱的影响在先,参见贾发义的《韩愈、李翱的道统论和性情论》,《四川大学学报》2010 年第 2 期,第 42 页。

② 《论语笔解》,中华书局 1991 年版,第 25 页。

说，李翱的"性善论"乃是韩愈以五常为性的论点的理论终点。在这样的背景下，"性三品"说可以理解为对实际的人的后天之性的一种品级划分，这里并不否定先天的性与天道合一，以五常为内容的观点。现实世界里存在道德禀赋有所差异的三种人，这是一个明明白白的生活经验。与性三品相应，情之品级也有三。上焉者"发乎情，止乎礼义"，即情感的发动中节，符合礼义，与之相对，中焉者的情感表现则有"过"和"不及"。而下焉者乃"直情而行者也"，也就是说下品之情任由外物牵引，不能遵循于性。总体上而言，韩愈还没有发展出最恰当的理论来解决性情善恶的问题，是李翱的《复性书》初步解决了这一问题。

对于李翱来说，性与天道为一，为纯粹至善者也。既然天命之性为先天之善，具体的人性中恶的那一部分就与性无关了。以性善论为前提，李翱建立了"情有善有不善，而性无不善"的二分架构。①《复性书》讲道："人之所以为圣人者性也，人之所以惑其性者情也。喜怒哀惧爱恶欲，七者皆情之所为也。情既昏，性斯匿矣。"②

性是任何人都能成圣的内在根据，然而，现实的人并不是实然的圣人，人皆有喜怒哀惧爱恶欲，此则足以惑性。性如一泓清水，可以照鉴天地，然而七情循环交来，如同泥沙一般浑浊了水之清。因而恶非性之所为，而是来源于情对于作为绝对之善的性的一种障蔽。李翱进一步解释了情的来源："无性则情无所生矣。是情由性而生，情不自情，因性而情，性不自性，由情以明。性者天之命也，圣人得之而不惑者也；情者性之动也，百姓溺之而不能知其本者也。"③

这里性与情的关系，乃是以性为体，以情为用。一方面，情不自情，情自身没有自己存在的根据，情由性生，是性之发用流行。另一方面，"性情不能相无"，有性则有情。这种发用流行一方面可以明性，但另一方面也

---

① 韩愈也建立了性情二分架构，如《原性》中谈道："性也者，与生俱生也；情也者，接于物而生也。"区别于李翱，韩愈一方面认为性的本质内容是仁、义、礼、智、信，另一方面又把性划分为三品。然而，这种说法与性的定义（性为先天，其内容为五常）相违背。因为，既然以五常论性，则性纯善无恶，又哪里会有品级之分？如果说下品之性有所欠缺或是悖反，那么就意味着五常之性有所混杂或是出现了自我否定和，而这在韩愈单薄的理论体系里是难以解释的。因此，韩愈虽然写作了《原性》一文，却不能从理论上真正"原性"。
② 《李文公集·复性书上》，上海古籍出版社1993年版，第6页。
③ 《李文公集·复性书上》，上海古籍出版社1993年版，第6页。

可以遮蔽性本身的光明。天命之谓性,人之本性先天地普遍存在于每一个个体当中,百姓之性与圣人之性没有不同,情是"性之动",是性的外在表现。虽然情是性的外在表现,但由于"情之动静弗息",循环交来,导致百姓溺于情而仿佛"无性"。不过,性作为绝对本源是不能丧失其自身存在的,只不过是由于情一刻也不停地出现使得人们"终身而不自睹其性焉"。因而,圣人并非无情,圣人只不过是不溺于情,可以做到寂然不动,从而能复其性,还其明而已。

中唐儒学曾有着严重的理论危机,但在经过刘禹锡、柳宗元、韩愈以及李翱的理论探索之后,儒家的本源论和人性论摆脱了粗糙的元气论,天人关系的思索提升到了心性论的高度。虽然李翱的"复性说"还稍显简单,其功夫论也有着佛学的影响,但李翱以《中庸》《易传》为立论的根据,初步建立起了系统的心性论学说,从而在佛教擅长的领域发出了儒家自身的声音,这可以说是李翱在儒学史上最大的贡献。李翱之后,宋明理学的理论体系越来越精密,功夫论也越来越细致,李翱的理论洞见也得到了继承。"性善而情有不善"的二分架构启迪了后来理学家对"天命之性"和"气质之性"的区分,情所具有的"明性"和"蔽性"的双重性也是后来天理人欲之辨的先声。可以说,唐代儒学关于天人关系的思考在李翱这里达到了最高峰。

古文运动

唐代中期的古文运动,是一场韩愈、柳宗元等人倡导的文体改革运动,主要目的在于提倡古文、反对骈文写作。所谓"古文",是指汉魏质朴自由、散行单句为主的文体,所谓"骈文",即是六朝以来的讲求声律、对偶的文体。文体的改革与文风的改革是统一的关系。相应地,文风亦由绮靡空虚而转为务实朴素。

事实上,这场古文运动并不是凭空而起,而是自初唐甚至隋代就已萌芽。隋代的李谔、王通等,以及初唐的王勃、杨炯、卢藏用、陈子昂,盛唐的萧颖士、张说、独孤及、梁肃、柳冕、元结等人,都可谓是中唐这场浩荡的古文运动的前奏曲,前后的沿革有其一脉相承之处。

古文运动是文学与儒学交融为一的结果,提出文道合一,文以明道的口号,在文章的内容上,以承载儒家的道学思想为己任,主推儒家道德学说的发扬。古文运动既是一场文学的文体改革运动,又是一场儒学复兴运动,亦是一种社会风尚和思想思潮的改革运动。究其本质,古文运动是要通过文体的改革来复兴儒家道德,并由此而期望能够使国家社会达至中兴。

中唐的这次古文运动有其发展的特定社会环境,一方面,随着战乱的平息,国家渐趋安定,人民生活相对富足,为文学"中兴"提供了肥沃的土壤;另一方面,唐王朝由盛而急剧衰落,饱受战乱之苦的历史,亦引发了人们的深刻思考、反省,再加以对太平盛世的期望,共同构成了这场运动发展的动力源泉。

一、韩愈与古文运动

韩愈尊儒学,倡复古,《旧唐书·韩愈传》记其:"大历、贞元之间,文字多尚古学,效扬雄、董仲舒之述作,而独孤及、梁肃最称渊奥,儒林推重。愈从其徒游,锐意钻仰,欲自振于一代。"[①]在韩愈的学识成长历程中,儒家思想占据着绝对的主导地位,除深厚的家学渊源和师学传承外,韩愈本身亦有着诚挚的儒学热情,注重其自身深厚文学修养的培育。

就其家风熏染方面言,《新唐书·韩愈传》载其:"七世祖茂,有功于后魏,封安定王。父仲卿,为武昌令,有美政,既去,县人刻石颂德。终秘书郎。"[②]韩愈早孤,故自幼受教于其兄长韩会,善清言,文章之名最高。愈既天生聪慧,又刻苦学儒,不俟奖励,读书能"日记数千百言,比长,尽能通《六经》、百家学"[③]。

就其师学传承方面言,曾从游于知识渊博且尚古学的独孤及、梁肃。独孤及,字至之,盛唐开元天宝间人,自幼立有宏伟之志,后遍读五经,有大义正气,性孝友,为文亦力求彰明善恶,有自觉的儒家道学意识。梁肃晚于独孤及,并师从于独孤及,为文轻辞章,重古朴与立意。独孤及、梁肃二人亦可谓是中唐这场古文运动的先驱者,且直接将其思想传授于韩愈、柳宗元、李翱等,而这些人成了中唐古文运动的中心领袖人物。

---

① 《旧唐书·韩愈传》卷一百六十,中华书局 1975 年版,第 4195 页。
② 《新唐书·韩愈传》卷一百七十六,中华书局 1975 年版,第 5255 页。
③ 《新唐书·韩愈传》卷一百七十六,中华书局 1975 年版,第 5255 页。

韩愈是古文运动的领军人物,他提出的主要理论观点有:

(一)修其辞以明其道

"文以明道"是古文运动的一个总纲领,尽管各个古文运动者的思想理论有些许差别,但他们必然都本着一个基础的文道观:文以明道。

韩愈在《争臣论》中明言:"君子居其位,则思死其官;未得位,则思修其辞以明其道:我将以明道也,非以为直而加人也。"①所谓"修其辞以明其道",是以文学的方式,或者说是在文学的领域,恢复儒家的道统思想。

韩愈是一个纯粹的儒学家,他立于儒家的立场上力斥佛老思想。斥道家则曰:

> 老子之小仁义,非毁之也,其见者小也。坐井而观天,曰天小者,非天小也;彼以煦煦为仁,孑孑为义,其小之也则宜。其所谓道,道其所道,非吾所谓道也;其所谓德,德其所德,非吾所谓德也。凡吾所谓道德云者,合仁与义言之也,天下之公言也;老子之所谓道德云者,去仁与义言之也,一人之私言也。②

斥佛家则曰:

> 夫佛本夷狄之人,与中国言语不通,衣服殊制,口不言先王之法言,身不服先王之法服,不知君臣之义,父子之情。③

韩愈在其《原道》篇阐述了他对儒家之"道"的理解:

> 博爱之谓仁,行而宜之之谓义,由是而之焉之谓道,足乎己而无待于外之谓德。仁与义为定名,道与德为虚位。故道有君子小人,而德有凶有吉。④

---

① 《韩昌黎文集校注·争臣论》卷二,上海古籍出版社 2014 年版,第 126 页。
② 《韩昌黎文集校注·原道》卷一,上海古籍出版社 2014 年版,第 15 页。
③ 《韩昌黎文集校注·谏佛骨表》卷八,上海古籍出版社 2014 年版,第 686 页。
④ 《韩昌黎文集校注·原道》卷一,上海古籍出版社 2014 年版,第 13 页。

韩愈所倡导的"道"，是以儒家仁义道德为主要内容的理论体系。他为文作诗的根本志趣在"道"而非"文"，志于道学家的理想追求，不愿做一个纯粹的文人。他在《题哀辞后》中有："愈之为古文，岂独取其句读不类于今者邪？思古人而不得见，学古道则欲兼通其辞；通其辞者，本志乎古道者也。"①思古人之道，学古人之道，为其根本之志，文辞声律仅为退而求其次之"兼"而已。这种价值取向在其《答李秀才书》中有更为直接的表达："愈之所志于古者，不惟其辞之好，好其道焉尔。"②

（二）不平则鸣

韩愈《送孟东野序》有曰：

> 大凡物不得其平则鸣：草木之无声，风挠之鸣；水之无声，风荡之鸣。其跃也或激之，其趋也或梗之，其沸也或炙之；金石之无声，或击之鸣。人之于言也亦然：有不得已者而后言，其歌也有思，其哭也有怀，凡出乎口而为声者，其皆有弗平者乎！乐也者，郁于中而泄于外者也；择其善鸣者而假之鸣：金石丝竹匏土革木八者，物之善鸣者也。维天之于时也亦然，择其善鸣者而假之鸣；是故以鸟鸣春，以雷鸣夏，以虫鸣秋，以风鸣冬，四时之相推敚，其必有不得其平者乎！
>
> 其于人也亦然：人声之精者为言，文辞之于言，又其精也，尤择其善鸣者而假之鸣。其在唐虞，咎陶、禹其善鸣者也，而假以鸣；夔弗能以文辞鸣，又自假于《韶》以鸣；夏之时，五子以其歌鸣；伊尹鸣殷；周公鸣周：凡载于《诗》《书》六艺，皆鸣之善者也。周之衰，孔子之徒鸣之，其声大而远。《传》曰："天将以夫子为木铎。"其弗信矣乎！其末也，庄周以其荒唐之辞鸣。楚大国也，其亡也，以屈原鸣。臧孙辰、孟轲、荀卿以道鸣者也，杨朱、墨翟、管夷吾、晏婴、老聃、申不害、韩非、慎到、田骈、邹衍、尸佼、孙武、张仪、苏秦之属，皆以其术鸣。秦之兴，李斯鸣之。汉之时，司马迁、相如、扬雄。最其善鸣者也。其下魏晋氏，鸣者不及于古，然亦未尝绝也；就其善鸣者，其声清以浮，其节数以急，其辞淫以哀，其志弛以肆，其为言也，乱杂而无章。将天丑其德

---

① 《韩昌黎文集校注·题哀辞后》卷五，上海古籍出版社 2014 年版，第 340 页。
② 《韩昌黎文集校注·答李秀才书》卷三，上海古籍出版社 2014 年版，第 196 页。

莫之顾邪？何为乎不鸣其善鸣者也！[①]

所谓"不平"，指涉的是因内心不平而生激荡愤慨之情志，人生遇此不平，不得已而"鸣"之。韩愈在此所提"不平则鸣"，是有着深刻理论渊源的。孔子所言"诗可以怨"，屈原的"发愤抒情"，王逸的"贫士失职而志不平"，以及司马迁的"发愤著书"以立说，都强调了诗文与生命愁苦之宣泄的关系，既是一种生命力量的彰显，同时又体现出诗文于人生而言的特殊意义。"不平则鸣"之说对宋代的欧阳修之论"诗穷而后工"亦有着直接的影响。

韩愈的这篇《送孟东野序》，是为坎坷不遇的好友孟郊送行时所作，全文真情流露，不加矫饰，真情真语，慷慨质朴。依韩愈而论，草木、水、金石之声以至于人之言，都是不得已而发，又皆因不平而如此。此不平，当是受到他物之激荡而有之。物或是人，受此激荡，从其生命内部便由衷彰显一种力量，且鸣之。作为集天地之精气于一身的人，由心发声，而文辞又是人之声中的精华，唐尧、舜、禹、周公、孔子、庄周、屈原以及后代孟子、荀子、墨子、韩非等，秦之李斯，汉之司马迁、司马相如、扬雄等，皆是古人之善鸣者。对于"不平"的理解，学界存在着多种理解，主流观点认为，此"不平"是生命经受困厄，心中郁结愤懑，不平静而欲申之，于是择善而鸣。在这里，我们可以看出，韩愈为文章所找到的根本之源是"人声之精"，文章与人的生命力内在地统一着。文章因其传达彰显人心思想而具有了价值，地位甚高，必然走向文以明道的方向。

（三）气盛言宜

《答李翊书》有：

气，水也；言，浮物也。水大而物之浮者大小毕浮，气之与言犹是也，气盛则言之短长与声之高下者皆宜。虽如是，其敢自谓几于成乎？虽几于成，其用于人也奚取焉？虽然，待用于人者，其肖于器邪？用与舍属诸人。君子则不然：处心有道，行己有方；用则施诸人，舍则

[①] 《韩昌黎文集校注·送孟东野序》卷四，上海古籍出版社 2014 年版，第 260—261 页。

传诸其徒,垂诸文而为后世法:如是者,其亦足乐乎? 其无足乐也?①

这篇《答李翊书》是专就作文之法而答李翊之问的,是其真实创作实践而后的经验之谈,在文中提出了颇有影响力的"气盛言宜"说。这个理论也是渊源有自,最先有孟子的:"我善养吾浩然之气。"之后又有曹丕的"文以气为主"。在这里,韩愈把气与文章联系起来,借用了一个水与浮物的比喻,强调气对文章的重要性,强调为文者要重在"养气"。对于中国古代文学中"气"的理解,其实是比较复杂的,因为言气者众多,且意义多层次。对于韩愈此处所言之"气",必然系于儒家仁义道德,在他看来,"行之乎仁义之途,游之乎诗书之源","气"是指人之修养道德仁义所蕴含的人格之气,行之于文,则为宜。

(四)以文为诗

清代赵翼《瓯北诗话》有:"以文为诗,自昌黎始;至东坡益大放厥词,别开生面,成一代之大观。"韩愈的诗歌,或以散文叙述的笔法,或常杂以议论的语言,或忽视平仄、对仗等诗律,或以散文的结构谋篇构思,如其《山石》:"人生如此自可乐,岂必局束为人鞿。嗟哉吾党二三子,安得至老不更归。"《南山诗》这首五言古诗,言辞漫延,穷尽其山之胜。《寄卢仝》诗风浅近朴素。诸如此类的诗歌另有《八月十五夜赠张功曹》《陆浑山火和皇甫湜用其韵》《双鸟诗》《桃源图》等,诗歌呈现出散文化的特点。

韩愈这种"以文为诗"的作诗风格,与其文学理论是内在地统一的,其诗歌实践活动也是古文运动的内在要求。古文运动旨在宣传"文以载道"的理想,则诗歌本身的音律便不是最重要的因素,可屈从于道学思想的表达。其《送孟东野序》有"唐之有天下,陈子昂、苏源明、元结、李白、杜甫、李观,皆以其所能鸣"。鸣则为好诗,不鸣则反之。

二、柳宗元与古文运动

柳宗元(773—819),字子厚,河东郡(今山西省运城)人,文学家、哲学家、政治家,世称"柳河东""河东先生""柳柳州""柳愚溪"。他与韩愈共同倡导古文运动,并称为"韩柳",又与刘禹锡并称"刘柳",与王维、孟浩然、

---

① 《韩昌黎文集校注·答李翊书》卷三,上海古籍出版社 2014 年版,第 191 页。

韦应物并称"王孟韦柳"。

柳宗元不仅胸怀大志,且自幼天资聪颖,高于众人,尤精《西汉》《诗》《骚》,"少聪警绝众,尤精《西汉》《诗》《骚》。下笔构思,与古为侔。精裁密致,璨若珠贝。当时流辈咸推之"①。甚有才名,登进士第,应举宏辞,授校书郎、蓝田尉。后入朝积极参与王叔文集团政治革新,转尚书礼部员外郎。唐顺宗永贞元年,王叔文政治革新失败,王叔文被杀,多人被贬谪,柳宗元被贬为邵州刺史,未及任又被加贬永州司马。他在远离政治中心的贬谪日子里,写作了山水游记散文8篇:《永州八记》。元和十年,出为柳州刺史,柳宗元在此革其乡法,卓有政绩。宪宗元和十四年,卒于柳州任所,年四十七。柳宗元留下的诗文众多,其作品被编为《柳河东集》《柳宗元集》,著名哲学论作有《天说》《天对》《封建论》《非国语》《贞符》《时令论》《断刑论》等。

柳宗元哲学思想不同于韩愈之处,在于他虽亦是以儒家思想为主,但又兼取多家,故而,相较于韩愈的纯粹性而言,柳宗元的理论更显多面性。例如,柳宗元有将佛学融合到儒学中的思想倾向,在《送元十八山人南游序》中道:

> 余观老子,亦孔氏之异流也,不得以相抗,又况杨墨申商、刑名纵横之说,其迭相訾毁、抵捂而不合者,可胜言耶?然皆有以佐世。太史公没,其后有释氏,固学者之所怪骇舛逆其尤者也。
>
> 今有河南元生者,其人闳旷而质直,物无以挫其志;其为学恢博而贯统,数无以踬其道。悉取向之所以异者,通而同之,搜择融液,与道大适,咸伸其所长,而黜其奇邪。要之与孔子同道,皆有以会其趣,而其器足以守之,其气足以行之。②

依柳宗元,孔、老并不是对立抵抗的关系。统诸子众家合而言之,若立门派之别,互相诋毁,只会两败俱伤,诸家皆有佐世之功。由此,他十分赞赏这里所说河南元生的为学态度,博学统贯,兼容并包,能将各家学说

---

① 《旧唐书·柳宗元传》卷一百六十,中华书局1975年版,第4213页。
② 《柳宗元集·送元十八山人南游序》卷二十五,中华书局1979年版,第662—663页。

之精华融会贯通。亦可将释家学说融合于孔子之道，通而观其共同之旨趣，使二者之"道"相融，互相补充，相得益彰，如此方为正确的为学之法。

实际上，综合柳宗元的所有作品看，他并不强调文章所明之道的内容必须为儒家的道德思想，相反，很多诸如《永州八记》这样的游记散文更渗透出一种与世无争、闲散自然的心境追求。因此，他与韩愈最大的不同，在于韩愈对"文以明道"之"道"的内容的明确性，而柳宗元更强调的是"文以明道"之"明"，讲求文章要有所明，有真实的内容和情感，但并不局限于儒家的思想。

（一）文以明道

在古文运动中，明确提出"文以明道"说的是柳宗元。在《报崔黯秀才论为文书》中说：

> 然圣人之言，期以明道，学者务求诸道而遗其辞。辞之传于世者，必由于书。道假辞而明，辞假书而传，要之，之道而已耳。道之及，及乎物而已耳，斯取道之内者也。①

圣人著书立说，是为了明道以传道。因此，若要体会圣人的思想，便要读其书，故为文者亦应假书（文辞）以传其道。柳宗元尤其反对那些浮光掠影的空泛呻吟之作，《答吴武陵论非国语书》："为一书，务富文采，不顾事实，而益之以诬怪，张之以阔诞，以炳然诱后生，而终之以僻，是犹用文锦覆陷阱也。"②文章必须及道，而道则包孕万物之真实。柳宗元既是一位文学家，亦是一位哲学家，有多部哲学篇章，如辨天人关系的《天对》《天问》等。所以，在柳宗元这里，他所明德"道"，实际上意义十分深厚。从他的创作实践来看，"文以明道"的作品多聚集于被贬谪之后，愁苦使他进入冷静的思考，对通过著书立说以表情达志的方式有了更加清晰的认知，也造就了他的创作成熟时期。

---

① 《柳宗元集·报崔黯秀才论为文书》卷三十四，中华书局1979年版，第886页。
② 《柳宗元集·答吴武陵论非国语书》卷三十一，中华书局1979年版，第825页。

（二）对于韩愈文以明道的思想主张，柳宗元积极响应并自觉地承继之

《答韦中立论师道书》中有：

> 始吾幼且少，为文章，以辞为工。及长，乃知文者以明道，是固不苟为炳炳烺烺，务采色、夸声音而以为能也。凡吾所陈，皆自谓近道，而不知道之果近乎，远乎？吾子好道而可吾文，或者其于道不远矣。故吾每为文章，未尝敢以轻心掉之，惧其剽而不留也；未尝敢以怠心易之，惧其弛而不严也；未尝敢以昏气出之，惧其昧没而杂也；未尝敢以矜气作之，惧其偃蹇而骄也。抑之欲其奥，扬之欲其明，疏之欲其通，廉之欲其节，激而发之欲其清，固而存之欲其重，此吾所以羽翼夫道也。[1]

《答贡士元公瑾论仕进书》中有：

> 呜呼！始仆之志学也，甚自尊大，颇慕古之大有为者。汩没至今，自视缺然，知其不盈素望久矣。上之不能交诚明，达德行，延孔氏之光烛于后来；次之未能励材能，兴功力，致大康于民，垂不灭之声。退乃伈伈于下列，呫呫于末位。偃仰骄矜，道人短长，不亦冒先圣之诛乎？固吾不得已耳，树势使然也。穀梁子曰："心志既通，而名誉不闻，友之过也。"盖举知扬善，圣人不非。况足下有文行，唱之者有其人矣，继其声者，吾敢阙焉！[2]

从以上两段文字可以见出：

第一、柳宗元具有很强的自觉意识，积极响应韩愈的古文运动，成为得力主将。据他自述，自己有着很明确的"明道"意识和高度的自觉性。考取进士，登乎朝廷，行乎其政，皆非是为名图利，而是"乐"之也。因为在他看来，举甲乙、历科第，仅是其为学之末而已矣，那么，其为学之本何在

---

[1] 《柳宗元集·答贡士元公瑾论仕进书》卷三十四，中华书局 1979 年版，第 873 页。
[2] 《柳宗元集·答贡士元公瑾论仕进书》卷三十四，中华书局 1979 年版，第 876 页。

呢？在于"道"。他说："且夫官所以行道也，而曰守道不如守官，盖亦丧其本矣。未有守官而失道，守道而失官者也。"①为官与守道二者非但不矛盾，而且还是非常有机地统一着的，为官，不能离道，离开道而做的官，不是真正意义上的守官。

他有着非常自觉的为道之识，并将这一根本所宗贯穿于一生的所有行为和追求中。再推而广之，国家社会之万态皆是"道"之所存："是故立之君臣、官府、衣裳、舆马、章绶之数，会朝、表著、周旋、行列之等，是道之所存也。则又示之典命、书制、符玺、奏复之文，参伍、殷辅、陪台之役，是道之所由也。"②

第二、柳宗元的这种自觉意识亦源于其继古之大志，"颇慕古之大有为者"。尤其向往尧舜、孔孟等先圣之道，"圣人之为教，立中道以示于后。曰仁、曰义、曰礼、曰智、曰信，谓之五常，言可以常行者也"③。所谓"中道""大中之道"，是柳宗元对儒家思想核心的理解，"存乎中""应之咸宜""刚柔同体""一张一弛"等辞，常出现于他的论述中。再如"和以义宜，刚以柔通""和之至"等语，皆是其对"中道"的诠释，即强调行事处世应以"宜"为切当，避免"过"与"不及"，不能过分或者强力，而要自然而适，情感之发皆中节，此为一种智慧，更是一种生活境界。

由韩愈首倡，柳宗元呼应的这场古文运动，带动了一时的文学热潮，影响并带动了一批古文运动者，如李翱、皇甫湜、樊宗师、孙樵等人。这些人的创作实践虽然没有达到较高的文学水平，但在客观上无疑壮大了这场思潮。

对于韩愈、柳宗元所倡导的这场古文运动的评价，自古以来便一直存在着纷争。一方面，古文运动者所排斥的文体模本是六朝的文学作品，韩愈《荐士》指出："逶迤抵晋宋，气象日凋耗。中间数鲍谢，比近最清奥。齐梁及陈隋，众作等蝉噪。搜春摘花卉，沿袭伤剽盗。"④柳宗元在《柳宗直西汉文类序》中说："殷周以前，其文简而野。魏晋以降，则荡而靡。"⑤强

---

① 《柳宗元集·守道论》卷三，中华书局1979年版，第83页。
② 《柳宗元集·守道论》卷三，中华书局1979年版，第82页。
③ 《柳宗元集·时令论下》卷三，中华书局1979年版，第88页。
④ 方世举撰，郝润华、丁俊丽整理：《韩昌黎诗集编年笺注·荐士》卷二，中华书局2012年版，第62页。
⑤ 《柳宗元集·柳宗直西汉文类序》卷二十一，中华书局1979年版，第575页。

调为诗文注入思想,充实内容,对无病呻吟、专事堆砌华丽的辞藻、用力于声律骈偶讲求的诗文之弊进行了革新。譬如韩愈《送陈秀才彤序》道:"读书以为学,缵言以为文,非以夸多而斗靡也;盖学所以为道,文所以为理耳。"①

另一方面,凡事过犹不及,若是越过"中"这样一个领域,文学便失去了它本身的价值,以致文学被囿于某种框架内,而仅仅流于一种手段或方式。而且,在下品诗人对此的呼吁和模仿中,亦会出现一些不当理解或实践。这就是古文运动引起后人诟病的主要地方。不过,实际上说,这个界域是较难把握的,总是处于一种中和的界域中,并非易事。再者,虽然这场古文运动有总的大方向或是纲领,但每个个体又是存在差异的,所以,他们所倡导的这场运动并没有一套缜密的理论体系,除此之外,更有偏激者发出了一些不合实际的理论,如柳冕《谢杜相公论房杜二相书》中道:

> 且今之文章,与古之文章,立意异矣。何则? 古之作者,因治乱而感哀乐,因哀乐而为咏歌,因咏歌而成比兴。故《大雅》作,则王道盛矣;《小雅》作,则王道缺矣;《雅》变《风》,则王道衰矣;诗不作,则王泽竭矣。至于屈宋,哀而以思,流而不反,皆亡国之音也。至于西汉,扬、马以降,置其盛明之代,而习亡国之音,所失岂不大哉? ……屈宋唱之,两汉扇之,魏晋江左,随波而不反矣。……故文章之道,不根教化,别是一枝耳。当时君子,耻为文人。②

显然,柳冕此论甚为偏激,自屈原、宋玉,以及两汉,全部的六朝作品,全部被否定,且冠以"亡国之音"的标签,矫枉过正,埋没了很多优秀作品。

这场古文运动,潜发于盛唐,兴盛于中唐,衰落于晚唐,但其余响并未彻底截断,北宋初期的柳开、王禹偁等人力倡文学"复古",后来经过欧阳修、王安石、苏轼等人的提倡,又发起了一场古文运动,可谓是唐代古文运动的承续。可见,中唐的这场古文运动对后代文学的发展动向产生了很大的影响。

---

① 《韩昌黎文集校注·送陈秀才彤序》卷四,上海古籍出版社 2014 年版,第 290 页。
② 《柳冕·谢杜相公论房杜二相书》,《全唐文》卷五二七,中华书局 1983 年版,第 5354 页。

中唐新乐府运动

中唐的新乐府运动是一场诗歌革新运动,以白居易、元稹为主要倡导者和领导者,张籍、王建、李绅等都是新乐府运动的代表诗人。顾名思义,新乐府是指用新题写时事的乐府诗,不再以是否入乐为创作标准。白居易提出来的新乐府,是为了与汉代的古乐府相区分,故谓之"新"。

汉代的乐府,最初是一种收集、整理、演奏音乐的国家音乐行政机关,后来,这些配乐演唱的诗歌,成了一种专门的诗体,称为"乐府诗"。由于这些诗歌大多采自民间,最能反映普通人民大众的生活现实和真实情感,语言通俗易懂,句式灵活自由,情感纯真自然,"感于哀乐,缘事而发"是乐府诗的代表特征。新乐府运动的诗歌亦自觉地学习两汉乐府诗的这些特点,宋代郭茂倩指出:"新乐府者,皆唐世之新歌也。以其辞实乐府,而未尝被于声,故曰新乐府也。"《师友诗传续录》载:"白居易、元稹、张籍、王建创为新乐府,亦复自成一体。"实际上,在即事名篇方面,杜甫起了开创性的作用,元稹说:"近代唯诗人杜甫《悲陈陶》《哀江头》《兵车》《丽人》等,凡所歌行,率皆即事名篇,无复倚傍。"①在诗歌旨趣及审美追求上,杜甫的现实主义诗风对新乐府运动者有着很大的影响,如元稹对杜甫极为推崇并给予非常高的评价:"予读诗至杜子美,而知大小之有所总萃焉。"②"至于子美,盖所谓上薄风骚,下该沈宋,古傍苏李,气夺曹刘,掩颜谢之孤高,杂徐庾之流丽,尽得古今之体势,而兼人人之所独专矣。使仲尼考锻其旨要,尚不知贵,其多乎哉!苟以为能所不能,无可无不可,则诗人以来,未有如子美者。"③故而,笼统地说,新乐府诗始创于杜甫,后又为元结、顾况等人阐发,到了白居易、元稹,则蔚然壮大,提出了诸多理论见解,形成影响一时的文学潮流,并组成了一个具有鲜明特色的创作群体。

新乐府运动中,诗人以《诗经》和汉魏乐府诗为创作模本,承继其讽喻时事和咏写社会现实的精神,且不拘旧题,自创新题,有着非常鲜明的现实主义趋向。意在强调诗歌与现实的密切关系,主张诗歌要能够上以诗

---

① 元稹撰,冀勤点校:《元稹集·乐府古题序》卷二十三,中华书局 1982 年版,第 255 页。
② 《元稹集·唐故工部员外郎杜君墓系铭并序》卷五十六,中华书局 1982 年版,第 600 页。
③ 《元稹集·唐故工部员外郎杜君墓系铭并序》卷五十六,中华书局 1982 年版,第 601 页。

补察时政,下以歌泄导人情,以期革新政治和社会现实。白居易倡导用新题写时事,是唐人创作乐府诗的一大进步,若是仍旧沿袭汉代旧题,诗歌的内容则大为受限,甚至会产生文不对题的情况。

白居易(722—846),祖籍山西太原,字乐天,自号香山居士、醉吟先生,工文章,尤擅诗歌,自编诗集《白氏长庆集》传于世。白居易与元稹共同领导了新乐府运动,并称"元白",晚年与刘禹锡友善,并称"刘白"。

他出生于一个"世敦儒业"的小官僚家庭,自幼敏悟绝人,勤勉刻苦。贞元中,擢进士,补校书郎。元和元年,召入翰林为学士,三年,拜左拾遗。后因得罪权臣,出为州刺史,追贬江州司马,又迁左赞善大夫。久之,移忠州刺史,后转中书舍人。文宗立,以秘书监召,迁刑部侍郎,封晋阳县男。开成初,起为同州刺史,不拜,改太子少傅,进冯翊县侯。会昌初,以刑部尚书致仕。白居易晚年居洛阳,六年,卒于洛阳,年七十五,赠尚书右仆射,葬于香山。

白居易将其诗歌分为四类:"关美刺者,谓之讽谕;咏性情者,谓之闲适;触事而发,谓之感伤;其它为杂律。"[①]在这四类诗歌中,白居易最重其具有现实主义性的讽喻诗,"世人所爱惟杂律诗,彼所重,我所轻。至讽谕意激而言质,闲适思澹而辞迁,以质合迁,宜人之不爱也"[②]。白居易的讽喻诗,内容涉及当时社会矛盾、不合理制度、劳动妇女的命运等,语言通俗质朴、流畅平易,以至于"老妪能解"。白居易作为新乐府运动的倡导者和领导者,从理论方面,提出了"文章合为时而著,歌诗合为事而作""但伤民病痛""惟歌生民病,愿得天子知"等写作宗旨;在实践方面,创作出了大量反映现实、裨益社会的诗篇,诸如《新乐府》五十首、《秦中吟》十首等。白居易的诗歌在当时社会中,影响力很大,唐宣宗曾写诗形容之:缀玉联珠六十年,谁教冥路作诗仙?浮云不系名居易,造化无为字乐天。童子解吟《长恨》曲,胡儿能唱《琵琶》篇。文章已满行人耳,一度思卿一怆然。

白居易所提出的一系列文学理论主张,蕴涵着他的儒家思想,体现出了他的儒家文学旨趣。在元和三年至五年做左拾遗期间,写作了大量反映时事、体察民情的诗篇,编为诗集《新乐府》五十首,其序言:

---

① 《新唐书·白居易传》卷一百一十九,中华书局1975年版,第4305页。
② 《新唐书·白居易传》卷一百一十九,中华书局1975年版,第4305页。

凡九千二百五十二言，断为五十篇。篇无定句，句无定字，系于意，不系于文。首句标其目，卒章显其志，《诗》三百之义也。其辞质而径，欲见之者易谕也。其言直而切，欲闻之者深诫也。其事核而实，使采之者传信也。其体顺而肆，可以播于乐章歌曲也。总而言之，为君、为臣、为民、为物、为事而作，不为文而作也。①

白居易任左拾遗，关心民生疾苦，关注社会现实，"有阙必规，有违必谏。朝廷得失无不察，天下疾病无不言"。在其诗歌的创作和编集过程中，有意识地构建出一种诗歌范式。在形式上，每首诗歌的首句都注明诗歌主旨，如《上阳白发人》后标"愍怨旷也"；在内容上，重视其讽喻意义，如《太行路》旨在借夫妇之心易变而讽君臣之不终；在语言上，质朴简洁，直接真挚。在这种自觉地为现实而作的诗歌趋向下，白居易创作出了许多优秀的脍炙人口且影响力较大的作品，如《卖炭翁》中，"满面尘灰烟火色，两鬓苍苍十指黑"，非常鲜明地描写出了卖炭翁的肖像，"可怜身上衣正单，心忧炭贱愿天寒"②，这句写卖炭翁的现实处境与其复杂的内心活动，二者形成的矛盾带来的情感张力，令人动容，催人泪下。"手把文书口称敕，回车叱牛牵向北。一车炭，千余斤，宫使驱将惜不得。半匹红绡一丈绫，系向牛头充炭直"③，这种以低价强购货物的不对等交易，无异于强盗的勒索行径。这首诗通过一个普通的卖炭翁的悲苦遭遇，表现出了一个普遍的社会现实，警惕和鞭挞当时的政治统治阶层。

元稹（779—831），字微之，别字威明，河南洛阳（今河南洛阳）人。自幼聪警绝人，少时有才名，擅诗，与白居易友善，二人共同倡导新乐府运动，并称"元白"。

元稹为北魏宗室鲜卑族拓跋部后裔，幼年丧父，幸得受教于其母郑氏，九岁遂能属文，十五明经擢第，授秘书省校书郎，二十八应制举才识兼茂、明于体用科，稹为第一，除右拾遗。后又贬为河南县尉，拜监察御史，因得罪宦官，贬为江陵府士曹参军。元和十四年，宪宗皇帝开释有罪，授膳部员外郎。唐穆宗登基，元稹拜相，不久出为同州刺史。大和初，就加

① 白居易撰，顾学颉点校：《白居易集·新乐府并序》卷三，中华书局1979年版，第52页。
② 《白居易集·卖炭翁》卷四，中华书局1979年版，第80页。
③ 《白居易集·卖炭翁》卷四，中华书局1979年版，第80页。

检校礼部尚书,三年九月,入为尚书左丞。四年正月,检校户部尚书,兼鄂州刺史、御史大夫、武昌军节度使。五年七月卒,年五十三,追赠尚书右仆射。

他所著诗赋、诏册、铭诔、论议等杂文一百卷,编为《元氏长庆集》。又著古今刑政书三百卷,号《类集》,并行于代。元稹的乐府诗辞浅意哀,表现力丰富,感人至深,写作出了大量优秀诗篇,诸如《田家词》《织妇词》《连昌宫词》以及和刘猛、李余《古乐府诗》的古题乐府十九首等。他在《和李校书新题乐府十二首并序》中提出了"取其病时之尤急者"的观点,为新乐府运动的理论注入力量。

新乐府运动的另外两位重要诗人:王建与张籍。二人的乐府诗在艺术上成就很高,被称为"张王乐府"。张籍(约 767—约 830),字文昌,和州乌江(今安徽和县乌江镇)人,世称"张水部""张司业"。他长于乐府、宫辞,被白居易称赞:"尤工乐府诗,举代少其伦。"贞元十五年登进士第,任太常寺太祝,后转任国子监助教,迁秘书郎。唐穆宗长庆元年,由韩愈推荐为国子博士,历任水部员外郎、主客郎中,终国子司业。张籍出身贫寒,十分理解下层民众的生活和心声,并对其寄寓了深切的同情,并且很善于运用对比的方法形成诗歌的一种内在张力效果,往往形成巧妙的讽刺意义。诗歌中所表现人物,细腻真实,形象鲜明。其五律乐府诗影响力较大,诗风通俗质朴,而意义委婉深挚。创作了诸多现实性极强的优秀诗篇,有《塞下曲》《征妇怨》《江南曲》《野老歌》《筑城词》《山头鹿》《山农词》《贾客乐》《伤歌行》《求仙行》《吴宫行》《白鼍鸣》《云童行》《陇头行》等。钱锺书的《谈艺录》中对张籍的乐府诗评价道:"其诗自以乐府为冠,世拟之白乐天、王建,则似未当。文昌含蓄婉挚,长于感慨,兴之意为多;而白王轻快本色,写实叙事,体则近乎赋也。近体唯七绝尚可节取,七律甚似香山。按其多与元白此唱彼于,盖虽出韩之门墙,实近白之坛坫。"①

王建,生卒年不详,字仲初,颍川(今河南许昌)人,与张籍友善并一同求学,擅作乐府诗,写时事,世称王司马。王建曾有从戎的经历,"从军走马十三年",创作了一批描写军旅生活的作品,四十岁后初入仕,历任昭应县丞、太常寺丞、陕州司马、光州刺史等。

---

① 钱锺书:《谈艺录·张文昌诗》,生活·读书·新知三联书店 2001 年版,第 266 页。

王建出身于贫寒家庭,一生无所依附,穷困潦倒,为官亦沉沦于下僚,"终日忧衣食"。故而,他的乐府诗表现出对黎民百姓等下层民众深深的同情,描写他们备受剥削压迫的生活疾苦,特别对居于社会弱势地位的妇女、孩童给了关注,表现他们的心理状态,人物形象生动鲜明,诗歌内容生动真挚,题材范围广泛,思想深刻,能够入木三分地直指社会矛盾点。诗歌语言通俗质朴,多歌行体,富有民歌特色。优秀诗篇诸如《田家行》《水夫谣》《海人谣》《簇蚕辞》《当窗织》《羽林行》《射虎行》《织锦曲》《促刺词》《去妇》《古从军》《辽东行》《凉州行》《渡辽水》《田家留客》《望夫石》《精卫词》等。今存有《王建诗集》10 卷、《王建诗》8 卷、《王司马集》8 卷、《宫词》1 卷。总之,张籍、王建的乐府诗,为新乐府运动贡献了重要力量。

李绅(772—846),字公垂,润州无锡(今江苏无锡)人,其人短小精悍,工于诗,号"短李",与李德裕、元稹同时称"三俊"。早年以诗文与元稹、白居易相交密切,是新乐府运动的倡导者。幼年丧父,母卢氏教以经义。宪宗元和元年登进士第,补国子助教,穆宗时任右拾遗、翰林学士,后迁中书舍人、御史中丞、户部侍郎。敬宗时,贬端州司马、江州长史。文宗时迁滁州刺史,转寿州刺史。后除太子宾客,分司东都,出为浙东观察使。开成初,拜河南尹,转宣武军节度使、淮南节度使,武宗会昌中,同平章事,判度支,进尚书右仆射,封赵郡公。会昌六年卒,赠太尉,谥文肃。李绅的诗歌多具有很强的现实性,对元稹、白居易的诗歌理论和创作都有很大的影响,是新乐府运动的先驱者。元和中作《新题乐府》二十首,可惜今已佚失,今有《悯农》诗二首:"春种一粒粟,秋收万颗子。四海无闲田,农夫犹饿死。""锄禾日当午,汗滴禾下土。谁知盘中餐,粒粒皆辛苦。"质朴流畅,被人们千古传唱。

这场古文运动有着鲜明的儒家思想特点:

首先,从诗人的人生追求上看,自觉地以儒家的"穷则独善其身,达则兼济天下"作为其立身处世的追求,以求道守道为根本志向。而道的实现,会受到时代等多种因素的影响,故而白居易根据此种种情况,将自己的诗歌分为了讽喻诗、闲适诗、杂律诗等。但是,无论发为何种诗,其心中所始终志于的却是"道":

微之! 古人云:穷则独善其身,达则兼济天下。仆虽不肖,常师此语。大丈夫所守者道，所待者时。时之来也，为云龙，为风鹏，勃然突然，陈力以出；时之不来也，为雾豹，为冥鸿，寂兮寥兮，奉身而退。进退出处，何往而不自得哉？故仆志在兼济，行在独善；奉而始终之则为道，言而发明之则为诗。谓之"讽谕诗"，兼济之志也。谓之"闲适诗"，独善之义也。故览仆诗者，知仆之道焉。其余"杂律诗"，或诱于一时一物，发于一笑一吟，率然成章，非平生所尚者；但以亲朋合散之际，取其释恨佐欢。今铨次之间，未能删去；他时有为我编集斯文者，略之可也。①

其次，从诗歌纲领和主旨上看，提出了"文章合为时而著，歌诗合为事而作""救济人病，裨补时阙""惟歌生民病，愿得天子知""为君、为臣、为民、为物、为事而作，不为文而作也"等一系列理论，将诗歌与时代、政治、生民等联系起来：

自登朝来，年齿渐长，阅事渐多，每与人言，多询时务；每读书史，多求理道：始知文章合为时而著，歌诗合为事而作。……仆当此日，擢在翰林，身是谏官，手请谏纸，启奏之外，有可以救济人病，裨补时阙，而难于指言者，辄咏歌之。欲稍稍递进闻于上。上以广宸听，副忧勤；次以酬恩奖，塞言责；下以复吾平生之志。②

非求宫律高，不务文字奇。惟歌生民病，愿得天子知。未得天子知，甘受时人嗤。药良气味苦，琴澹音声稀。不惧权豪怒，亦任亲朋讥。③

但伤民病痛，不识时忌讳。④

再者，从对诗歌的认识和定位上看，强调诗歌要表达真情实感，"诗者，根情、苗言、华声、实义"，反对空虚浮泛的诗风：

---

① 《白居易集·与元九书》卷四十五，中华书局 1979 年版，第 964—965 页。
② 《白居易集·与元九书》卷四十五，中华书局 1979 年版，第 962 页。
③ 《白居易集·寄唐生》卷一，中华书局 1979 年版，第 15 页。
④ 《白居易集·伤唐衢》卷一，中华书局 1979 年版，第 16 页。

夫文尚矣！三才各有文，天之文，三光首之；地之文，五材首之；人之文，六经首之。就六经言，《诗》又首之。何者？圣人感人心而天下和平。感人心者，莫先乎情，莫始乎言，莫切乎声，莫深乎义。诗者，根情、苗言、华声、实义。上自圣贤，下至愚呆，微及豚鱼，幽及鬼神；群分而气同，形异而情一；未有声入而不应，情交而不感者。①

最后，从对诗歌的价值和意义上看，强调诗歌的政治、社会、生活等现实性意义：

言者无罪，闻者足诫。言者、闻者莫不两尽其心焉。②

新乐府运动中的这一批诗人，以干预现实为精神指导，创作出了一系列的优秀诗篇，比较具有代表性的有：白居易的《新乐府》五十首。其中《海漫漫》《立部伎》《胡旋女》《新丰折臂翁》《捕蝗》《西凉伎》《八骏图》《古冢狐》等篇目都有很强的规劝、讽谏性，而《上阳白发人》《缚戎人》《红线毯》杜陵叟《缭绫》《卖炭翁》《秦吉了》等篇目则是表现了下层黎民百姓的艰苦生活，《太行路》《道州民》等则涉及君臣关系的思考；白居易的组诗《秦中吟》十首：《议婚》《重赋》《伤宅》《伤友》《不致仕》《立碑》《轻肥》《五弦》《歌舞》《买花》，具有很强的现实性，揭露了当时的社会矛盾，入木三分，写作手法高明巧妙，散发出一种不可阻挡的气势和力量，对当时的政治制度以及统治阶级进行了深刻的抨击，故而，闻《秦中吟》，权豪贵近相目而变色；元稹的《田家词》以自述的视角，真实生动地蕴含着平民百姓的痛苦心声以及农民对统治者的血泪控诉，催人泪下的同时又发人深省；《织妇词》是以两个女子的遭际为主要内容，真实地表现了中国古代劳动妇女饱受奴役的悲惨命运；张籍的《野老歌》则极具讽刺力地抨击了统治阶级对劳苦民众的剥削暴敛，揭示了极不合理的社会现实；王建的《水夫谣》则把视角聚焦在了水边纤夫的生活和心理，控诉了不合理的劳役制度对纤夫的身心所造成的不堪忍受的伤害，人物形象鲜明，描写真实生动；

① 《白居易集·与元九书》卷四十五，中华书局1979年版，第960页。
② 《白居易集·与元九书》卷四十五，中华书局1979年版，第960页。

《田家行》描写了农民辛勤劳作、喜获丰收,却被官家巧立名目通过赋税剥削一空。除此之外,还有众多优秀诗篇。这些作品以诗歌的形式,细腻生动地表现了中唐时期人们的普遍生活情状,包括当时存在的各种社会问题、不同阶级之间的矛盾,以及人们的心理和生存状态。同时,在这些作品中,也寄寓着作者悲愤、同情等各种情感,为底层群众受到的剥削而鸣不平,对统治阶级进行讽刺、抨击等。客观地说,这场古文运动之所以产生很大的影响,除了其明确的理论倡导,亦归功于白居易、元稹、张籍、王建等诗人的出色创作所带来的优秀作品。

新乐府运动者对现实的真实记录,以及对统治阶级毫不留情的揭露和批判,必然会戳中权贵们的要害,使得他们在政治上受到排挤。元和十年,白居易便被毁谤而遭受贬谪,在政治的干预下,这场文学运动遭受了重大的挫折。但是,在这场文学运动中,诗人所表现出来的大无畏正气感,以及勇敢的担当意识,在无形中亦影响了晚唐的一批诗人,诸如皮日休、陆龟蒙、杜荀鹤等。

唐代儒经的刊刻

有唐一代,对儒家经典的勘校和保存不在少数,其中,意义重大的当是《石壁九经》的工程,它是一项以皇帝诏令的形式,并倾注了举国之力的官方工作。

《全唐文》所载刘禹锡《国学新修五经壁本纪》有:

> 初,大历中名儒张参为国子司业,始详定五经,书于论堂东西厢之壁。辨齐鲁之音,取其宜;考古今之文,取其正。由是诸生之师心曲学,偏听臆脱,咸束之而归于大同。[1]

《全唐文》张参《五经文字序例》亦载:

> 今制国子监置书学博士,立《说文》《石经》《字林》之学,举其文

---

[1] 《刘禹锡·国学新修五经壁本记》,《全唐文》卷六〇六,中华书局 1983 年版,第 6116 页。

义，岁登下之，亦古之小学也。自顷考功礼部课试贡举，务于取人之急，许以所习为通，人苟趋便，不求当否，字失六书，犹为台事，五经本文，荡而无守矣。十年夏六月，有司以职事之病，上言其状，诏委国子儒官勘校经本，送尚书省。参幸承诏旨，得与二三儒者，分经钧考而共决之，互发字义，更相难极。又以前古字少，后代稍益之，故经典音字，多有假借，谓若借后为后，辟为避，大为太，知为智之类，经典通用。陆氏《释文》，自南徂北，遍通众家之学，分析音训，特为详举，固当以此正之，唯今文《尚书》改就今字，删定《月令》，依其时进本，与《释文》音训，颇有不同。卒以所刊，书于屋壁，虽未如蔡学之精密，《石经》之坚久，慕古之士，且知所归。[①]

名儒张参，新旧《唐书》皆无传，《全唐文》说他为大历朝官户部郎中，历国子司业。大历十一年，编有《五经文字》三卷，辨证五经文字正误，共一百六十部，三千二百三十五字，亦书写于《五经壁本》之后，后又附于《开成石经》之末。

唐太宗七年，颜师古的《五经定本》颁布天下。而至大历时期的五经，在传抄过程中，人们只是为了书写简便而忽略了文字的正确与否，故而使得"五经本文，荡而无守矣"。面对这种情况，对五经文字等进行校对更正则尤为紧迫。大历十年六月，有司奏言此现实情况。于是，唐代宗诏令国子儒官对经本进行勘校，并且命张参作为主持，将勘校后的全本五经书于国子监中论堂东西厢的屋壁上。所谓"论堂"，就是当时诸儒讲经论道的处所。辨音、考订，经过严谨的辨析，取其宜取其正，以勘正经籍在传抄中产生的讹误。这就是《五经壁本》，亦称《壁经》，该工程共历时一年完成。需要注意的是，这里的《五经壁本》虽名为"五经"，实际已经包括了后来所说的"九经"。传统所讲的"五经"，是指《诗》《书》《礼》《易》《春秋》，而《礼》则又分为《周礼》《仪礼》《礼记》，《春秋》分为《春秋左氏传》《春秋公羊传》《春秋穀梁传》。

《五经壁本》是用墨书写于屋壁上的，后有过重修缮写。唐文宗大和年间，以漆书于壁上，再新壁经，后又"惩前土涂不克以寿，乃析坚木负墉

---

① 《张参·五经文字序例》，《全唐文》卷四五八，中华书局1983年版，第4677页。

而比之。其制如版牍而高广，其平如粉泽而洁滑。皆施阴关，使众如一。附离之际，无迹而寻。堂皇靓深，两庑相照。申命国子能通法书者，分章揆日，逊其业而缮写焉。笔削既成，雠校既精，白黑彬班，了然飞动"①。因土壁不易被长期保存，遂换成木板以供缮写，木板材质优良，做工精细，且书法美妙。

以上过程，即为《五经壁本》的刊写缘由以及后来的修缮与改易。而真正对此产生超越性意义的，当是《石壁九经》（又称《开成石经》）的完成。《四库全书总目》记载：五经之字初书于屋壁，其后易以木板，至开成间乃以石刻也。

《开成石经》是经过多年勘定校对之后，刊刻于石，且立于国学的五经定本。《开成石经》的刊刻工程，真正始于唐文宗大和七年，"其年十二月，敕于国子监讲论堂两廊创立《石壁九经》，并《孝经》《论语》《尔雅》共一百五十九卷，字样四十卷"②。《开成石经》的刊刻主要由当时身为宰相兼判国子祭酒的郑覃主持，郑覃精于经学，稽古守正，颇受皇帝的重视。其本传中载："时太学勒石经，覃奏起居郎周墀、水部员外郎崔球、监察御史张次宗、礼部员外郎温业等校定《九经》文字，旋令上石。加门下侍郎、弘文馆大学士、监修国史。"③《开成石经》之末署有："开成二年丁巳岁月次于玄日维丁亥。"由此可知，这项工程当竟工于文宗开成二年。

《开成石经》虽然名为《石壁九经》，但它是在原来的九经上又增加了《孝经》《论语》《尔雅》，故而实际包括了儒家十二经（因此时《孟子》并未入经，故而仅刊刻有晚唐所确认的儒家十二经），同时附有《五经文字》及《九经字样》。

《开成石经》的刊刻，规模宏大，卷帙浩繁，以石壁代替纸张、土壁、木板，从而能够历经时代的变迁，至今保存完备，为后代人留下了宝贵的资料。

---

① 《刘禹锡·国学新修五经壁本记》，《全唐文》卷六〇六，中华书局1983年版，第6116页。
② 《唐会要·东都国子监》卷六十六，中华书局1955年版，第1162页。
③ 《旧唐书·郑覃传》卷一百七十三，中华书局1975年版，第4491页。

林慎思与《续孟子》《伸蒙子》

《续孟子》《伸蒙子》是晚唐林慎思所撰的两部儒学著作。

《孟子》现存七篇,共十四章,分别为:《梁惠王上》《梁惠王下》《公孙丑上》《公孙丑下》《滕文公上》《滕文公下》《离娄上》《离娄下》《万章上》《万章下》《告子上》《告子下》《尽心上》《尽心下》。林慎思所著《续孟子》,分二卷,模仿《孟子》的体例,亦分为七篇十四章,分别为:《梁大夫》《梁襄王》《乐正子》《公都子》《高子》《公孙丑》《屋卢子》《咸丘蒙》《齐宣王》《万章》《宋臣》《庄暴》《彭更》《陈臻》,形式上亦是仿《孟子》对话形式的论辩文。

林慎思续《孟子》,有其独特的原因,据《崇文总目》记载,林慎思言:"孟子七篇非轲自著书,而弟子共记其言,不能尽轲意。因传其说演而续之。"《孟子》一书,乃是孟子及其弟子万章、公孙丑等共同完成。遂在林慎思看来,《孟子》并不能完全代表孟子的思想,故而自信尽伸孟子之原义。《续孟子》前言亦道:"《孟子》书先自其徒记言而著。予所以复著,盖以《孟子》久行教化,言不在其徒尽矣,故演作《续孟》。"①在林慎思之前的研究者,或是字词训诂,或是文义注疏等,都是基于《孟子》十四章的原来文本,林慎思以续作的形式表达其对《孟子》的理解,这在《孟子》阐扬的接受史上,是一种独特的立说方式。除却林慎思上述所言续书之缘由外,还应有最直接的社会原因。唐朝至晚唐,上至朝廷政治,下至平民百姓,都处于一种颓废萧条之态。故而,重申《孟子》,阐扬儒家思想,是救济时弊、改良社会以期挽救危局的重要途径。由此,我们可以窥探到林慎思的社会担当和强烈的责任心。

林慎思的《续孟子》承继了《孟子》的诸多代表性的思想,并借书中诸人之口表达了林慎思的理解,例如,对"以民为本"的阐扬,《续孟子·乐正子三》有孟子言:"吾所谓与民同乐者,均役于民,使民力不乏;均赋于民,使民用常足。然后君有余而宴乐,民有余而歌咏。夫若此,岂不谓与民同邪?"②再有,对"重仁义轻利欲"的阐扬,《续孟子·梁大夫一》有孟子言:

---

① 《续孟子·原序》,《百子全书》,浙江人民出版社1984年版。
② 《续孟子·乐正子三》,《百子全书》卷上,浙江人民出版社1984年版。

"厚利率民,民争贪欲。苟有独持仁义者,宜乎不得全其身矣。"①还有,对"孝"的阐扬,强调了"大孝"的意义,《续孟子·庄暴十二》有孟子言:"禹之孝在乎天下,不在乎一家也。夫鲧遭舜殛,公也;禹受舜禅,亦公也。舜不以禹德可立而不殛鲧,是无私于禹也,禹不以父仇可报而不受禅,是无私于舜也。且舜哀天下之民于垫溺也,命禹治之。禹能不私一家之仇而出天下之患也,此非禹之孝在乎天下而不在乎一家欤?苟私一家之仇而忘天下之患,则何以为禹之孝?故孔子曰:'禹吾无间然矣',其是之谓乎。"②

实际上,《孟子》的儒学地位在宋代才真正确立起来,唐代的林慎思以其深邃的目光洞察到《孟子》的重要意义,并力求阐扬发明之,此书有着很高的研究价值。元朝名臣程钜夫评价《续孟子》:"文深义密,谆切反复,不悖于圣人之道,诚有补于世教矣。"③但另一方面,林慎思又被后世儒者讥其有僭经之嫌。但是,林慎思所处时期,《孟子》并未称为儒家经典,而是与诸子之书并列,所以,此僭经之讥便显得有失公允了,正如《四库全书总目》所云,不能以后来论定之制为慎思责矣。无论如何,从客观上来看,《续孟子》一书,为我们研究林慎思的思想以及晚唐时期的孟子传播接受等,提供了珍贵的参考资料。

《伸蒙子》成书于咸通六年,林慎思自号"伸蒙子",并作此书。全书在结构上是很有条理和系统的,分为上中下三卷。"《槐里辩》三篇,象三才,叙天地人之事"④。上篇有五章,设为干禄先生问,伸蒙子答,中篇分为四章,设为知道先生问,伸蒙子答,下篇分五章,设为求己先生问,伸蒙子作答。"《泽国纪》三篇,象三人,叙君臣人之事"⑤。上篇分为五章,设为弘文先生问,伸蒙子所答,中篇三章,以如愚子设问,伸蒙子所答,下篇分为两章,以卢乳子设问,伸蒙子作答。"《时喻》二篇,象二教;叙文武之事"⑥。上篇分八章,下篇八章。

关于此书撰写的缘起,林慎思在书的《自序》中交代:"旧著《儒范》七

① 《续孟子·梁大夫一》,《百子全书》卷上,浙江人民出版社1984年版。
② 《续孟子·庄暴十二》,《百子全书》卷下,浙江人民出版社1984年版。
③ 顾宏义、戴扬本等:《历代四书序跋题记资料汇编》,上海古籍出版社2010年版,第353页。
④ 《林慎思·伸蒙子序》,《全唐文》卷八〇二,中华书局1983年版,第8433页。
⑤ 《林慎思·伸蒙子序》,《全唐文》卷八〇二,中华书局1983年版,第8433页。
⑥ 《林慎思·伸蒙子序》,《全唐文》卷八〇二,中华书局1983年版,第8433页。

篇,辞艰理僻,不为时人所知,复研精覃思,一旦斋沐祷心灵,是宵梦有异焉。明日召著祝之,得蒙之观,曰:伸蒙入观,通明之象也。"①虽然林慎思自道"宵梦有异",好似偶然性较强,但从我们对林慎思的志向和守道意识来看,实际是必然的结果。关于书名"伸蒙子"的含义,其关键点在对"蒙"的理解。蒙,孔颖达认为是"微昧暗弱"之意,从林慎思所说的"伸蒙入观,通明之象也",可知由"蒙"而至"通明"乃其旨趣所在,此中仍是反映了他自觉的明理明道意识。

关于这部书的内容,总的说来,"辩论兴亡,敷陈古今也,或引事以明理,或擒才以润辞"②。具体说来,则是以赞扬和倡导儒家思想为主,对中断甚至毁坏儒学传承的思想和行为进行批判。例如,林慎思对秦始皇"焚书坑儒"的行为进行了极力地嘲讽,"秦焚书是自焚矣,秦坑儒是自坑矣","秦人姗笑先王,绝弃礼法,悉举而燔之,使天下之人横目蚩蚩,无知识,无防节,是日月晦蚀,山川崩裂,天怒人怨,有灭亡之形而人不知也"③。

林慎思在这部书中对"人性善恶"有其独特的看法。《伸蒙子》卷上《槐里辩》下篇"明化"中:

> 求已先生问:"人之善恶,能化而迁乎?"伸蒙子曰:"迁矣。"曰:"性有刚柔,天然也,犹火可迁于水邪?"曰:"善不在柔,恶不在刚也。火能炮燔,亦能为灾;水能润泽,亦能为渗。及其迁也,化灾为炮燔,化渗为润泽,岂在化火为水乎?人之善恶,随化而迁也,必能反善为恶,反恶为善矣。孟母正已以化于孟轲,及其迁也,非反恶为善邪?齐桓大功而化于竖刁,及其迁也,非反善为恶邪?所谓人善恶随化而迁,不亦明乎?"④

对人性之本善还是本恶的讨论,一直是儒学思想家们探讨的问题。在林慎思认为,人性的善恶是可以通过教化改变的,人性中并没有绝对的善或恶,二者是可以相互转化的,提出了"人之善恶,随化而迁也,必能反

---

① 《林慎思·伸蒙子序》,《全唐文》卷八〇二,中华书局 1983 年版,第 8433 页。
② 《林慎思·伸蒙子序》,《全唐文》卷八〇二,中华书局 1983 年版,第 8433 页。
③ 《林慎思·伸蒙子序》,《全唐文》卷八〇二,中华书局 1983 年版,第 8433 页。
④ 《伸蒙子·槐里辩》,《百子全书》卷上,浙江人民出版社 1984 年版。

善为恶,反恶为善矣"的理论。

《续孟子》和《伸蒙子》这两部书,都是采取"辩论"的说理和阐道方式,理路清晰,逻辑严密,论述全面,哲学思辨性强。

张弧与《素履子》

《素履子》,作者张弧,《唐书》无传,生平事迹皆不详。学界根据《素履子》的内容和写作特点,认为此书当为中唐以后社会动乱的社会现实下的产物。《素履子》共上、中、下三卷,分为履道、履德、履忠、履孝、履仁、履义、履智、履信、履礼、履乐等 14 篇。

《素履子》是一部颇具儒家色彩的著作,《四库全书总目》说其:"援引经史,根据理道,要皆圣贤垂训之旨,而归之于正,盖亦儒家者流也。"据作者自己交代,其书名亦是取自儒家经典《周易》中的《履卦》。《素履子·序》中言:"夫素履子者,取《周易》履卦:初九,素履往,无咎。以纯素为本履,以履行为先,虽衣布素须履先王之政教。故取天地之始,乾坤之初,圣人设教之规,贤哲行道之迹。夫祸福之端,生于所履,是以圣人以德履帝位,而不疚光明者也。士庶履能辩上下,定民志。辄修一十四篇,号曰《素履子》,以为箴诚而已。"①可见,张弧意在强调"履"对于道德的意义,"福祸之端,生于所履",或福或祸,皆缘于一个人的践行。

严格地说,张弧《素履子》是以儒家立场为主,并融合了儒、道两家思想。首先,强调王道教化,认为先辈们都是通过践行为后世立身作则,"此圣人以王道设教,使老有所终,壮有所用,幼有所长,鳏寡孤独废疾者皆有所养,男有分,女有归。此以道治世之化也。""古昔帝王,皆立德以垂教","立教于万祀。此德之用也。""夫孝,德之本,教之所由生。治国治家者,立德为先。立德之本,孝之为始"②。其次,张弧所倡道、德、忠、孝、仁、义、智、信、礼、乐等,皆带有明显的儒家价值趋向。另外,他很重视儒家的五伦:"立身行道之本,未若君睦臣忠、父慈子孝、兄友弟恭、夫顺妻贞、勤俭于家、忠良于国。"③五伦关系和顺,以理行道,方是立身之本。再

---

① 《张弧·素履子序》,《全唐文》卷八百二十八,中华书局 1983 年版,第 8722 页。
② 张弧:《素履子·履孝》卷上,《钦定四库全书》。
③ 《素履子·履道》卷上,《钦定四库全书》。

者,张弧十分注重道之履行、实践的重要性,此点可从其书名以及每篇的篇名之"履"字见出。他认为,我们所倡导的道、德、忠、孝、仁、义、智、信、礼、乐、富贵、贫贱、平、危等,都要落实为实践和行为,才有其真正的价值。

从道家立场出发,首先,对"道"的诠释,采用老子的语言和表达方式。"素履子曰:道本无名,无名居天地之始。天地之始,号曰混元。混元之初,无形无象,既分二仪,能生万象。故云之为道"①。"道本无名",承继老子所讲"无"的智慧,弃绝占有、固定、孤立的方式去理解道,而是从超越的境界上保持道的存有。"既分二仪,能生万象",此理论类似于"道生一、一生二、二生三、三生万物"。其次,张弧注重"素"的智慧:"至于黄老唯尚朴而不文,素王亦归之于纯素,莫不去华饰而作教,舍文艳以归真,不尚贤使人不争,不贵难得之货使人不盗,责山节藻棁之宇,尚卑宫菲食之君。"②摒弃华艳、名贵等追求和欲望,而保持素朴之心境。再者,他多直接引用并肯定《道德经》中的话:"《道德经》云:吾有三宝,保而持之,一曰慈,二曰俭,三曰不敢为天下先。此则履道之原也。兼曰:吾有大患,为吾有身。及吾无身,吾有何患。此则至道者亡身履象外之道也。"③

《素履子》在产生之初虽然没有受到重视,但是其对儒道思想融合的尝试对宋代理学家的思想产生了很大的影响,是一部极具特色的儒学著作。

罗隐与《两同书》

《两同书》,晚唐罗隐撰,分为上、下二卷,虽然罗隐分为上下卷来阐释儒道思想,但在他这里,儒道思想是相贯通的,二者是名异而实同,殊途同归。

从历史背景看,罗隐撰写这部书,有着很强的针砭时弊、救济现实的目的。他所身处的晚唐社会,各地藩镇割据、战乱纷争不断,经济凋敝,民不聊生。《两同书》可谓是罗隐基于当时的社会现实,为统治者开出的一剂救世药方。

---

① 《素履子·履道》卷上,《钦定四库全书》。
② 《素履子·履道》卷上,《钦定四库全书》。
③ 《素履子·履道》卷上,《钦定四库全书》。

　　确切地说，《两同书》是以儒家思想为根本和基础，吸收融合了道家的某些精华，从而汇集成了罗隐的哲学思想。《两同书》上卷包括《贵贱》《强弱》《损益》《敬慢》《厚薄》五篇，结以老子之语，主要涉及的是老子的道家思想，提倡修身养性。如强调贵德的意义："故夫人主所以称尊者，以其有德也。苟无其德，则何以异于万物乎？"[①]"盖不患无位，而患德之不修也；不忧其贱，而忧道之不笃也。"[②]"故贵者荣也，非有道而不能居；贱者辱也，虽有力而不能避也。苟以修德，不求其贵，而贵自求之；苟以不仁，欲离其贱，而贱不离之。"[③]强调戒奢崇俭："夫天下者，岂贤于彼而愚于此、易于上而难于下哉？盖人君有所损益也。然则益莫大于主俭，损莫大于君奢。奢俭之间，乃损益之本也。"[④]强调以敬治国："然则礼之所先，莫大乎敬；礼之所弊，莫甚于慢。故以敬事天则神降，以敬理国则人和；以慢事天则神欺，以慢理国则人殆。下之不敬，则不足以奉君；上之不敬，则不足以御臣。"[⑤]强调节制欲望："故寿之有长短，由养之有厚薄也。悲夫！饮食男女者，人之大欲存焉。人皆莫不欲其自厚，而不知其厚所以薄也；人皆莫不恶其为薄，而不知薄之所以厚也。"[⑥]

　　《两同书》下卷包括《理乱》《得失》《真伪》《同异》《爱憎》五篇，结以孔子之语，主要涉及的是儒家的治国安邦之术，针对君王所讲治国方略、君臣之道，阐释如何做一位选贤任能的明君。如倡导"文武兼用"的治国策略："夫家国之理乱，在乎文武之道也。昔者圣人之造书契以通隐情，刓弓矢以威不服，二者古今之所存焉。然则文以致理，武以定乱。文虽致理，不必止其乱；武虽定乱，不必适其理。故防乱在乎用武，劝理在乎用文，若手足之递使，舟车之更载也。"[⑦]对君臣关系的认识："夫君者，舟也；臣者，水也。水能浮舟，亦能覆舟；臣能辅君，亦能危君。"[⑧]"夫主上不能独化也，必资贤辅；物心不为易治也，方俟甄议。使夫小人退野，君子居朝，然

---

①　雍文华校辑：《罗隐集·两同书》卷上，中华书局 1983 年版，第 261 页。
②　《罗隐集·两同书》卷上，中华书局 1983 年版，第 262 页。
③　《罗隐集·两同书》卷上，中华书局 1983 年版，第 262 页。
④　《罗隐集·两同书》卷上，中华书局 1983 年版，第 264—265 页。
⑤　《罗隐集·两同书》卷上，中华书局 1983 年版，第 266 页。
⑥　《罗隐集·两同书》卷上，中华书局 1983 年版，第 268 页。
⑦　《罗隐集·两同书》卷下，中华书局 1983 年版，第 270 页。
⑧　《罗隐集·两同书》卷下，中华书局 1983 年版，第 270 页。

后可为得矣。"①

　　罗隐的《两同书》具有很强的现实针对性,全书贯彻着他救国匡世的理想,有着强烈的责任意识,同时,这部书具有鲜明的辩证色彩和深刻的哲学意味,是真正去构建儒道互补理论体系的一次伟大尝试。

---

① 《罗隐集·两同书》卷下,中华书局 1983 年版,第 274 页。